연기경권

緣起經一卷

"三藏法師玄奘奉詔譯"

삼장법사 현장이 받들어
임금님의 명으로 번역하였다.

도정스님

대한불교조계종 승려
하동 쌍계사에서 원정스님을 은사로 출가
양산 통도사에서 고산 큰스님으로부터 비구계 수지
시집 〈정녕, 꿈이기에 사랑을 다하였습니다〉
        〈누워서 피는 꽃〉
수필집 〈우짜든지 내캉 살아요〉
경전 〈보리행경〉

이것을 의지해서

저것이 생기는 것이니,

이것이 생기므로

저것이 생기는 것이다.

책을 펴내며

〈연기경(緣起經)〉은 12연기법에 대해 설명한 단 1권으로 이루어진 짧은 경전이다. 연기(緣起)라는 말은 산스크리트어 '쁘라띠띠야 - 삼무뜨빠다(pratītya -samutpāda)'의 번역어로서, '원인에 의한 발생' 등의 의미를 갖는다. 팔리어로는 '쁘라띠짜 - 삼무뜨빠다(paticca-samuppāda)'인데 이를 세 부분으로 나누어 해석하면 이와 같다.

'빠띠짜(paticca)'는 '~에 의해서', '인연(因緣)으로 하여', '~ 때문에', '~이유로' 등의 의미를 가지고 있다.

'삼(sam-)'은 '함께', '~근처에'의 뜻을 가지는 접두사이다.

'우빠다(uppāda)'는 '출현', '탄생'이라는 의미를 지닌 단어이다.

이 셋을 종합하면 '인연(因緣)으로 함께 발생한다.'는 정도의 의미가 된다. 즉, 일체의 현상은 고유한 실체가 따로 있는 게 아니라 인연에 의해 발생된 연기적 현상이라는 것이 부처님께서 설하신 〈연기경〉의 핵심이다.

따라서, 현세의 고통의 원인과 윤회의 근원 또한 무명(無明)을 비롯하여 일어난 연기적(緣起的) 현상임을 설명한 경전이라는 것이다. 또한 자아(自我)라고 생각하는 견해도 결국 연기적 현상임을 밝혀 자아(自我)에 대한 집착을 놓음으로서 해탈(解脫)로 이어지는 깨달음을 성취할 수 있도록 길을 밝힌 것이다. 곧 연기(緣起)를 알 때 일체 현상과 자아(自我)의 망령된 집착에서 벗어나게 된다는 가르침이 곧 부처님의 깨달음임을 밝힌 것이다.

〈연기경(緣起經)〉은 당(唐)나라 때, 현장(玄奘) 스님이 661년 8월에 종남산(終南山)의 취미궁(翠微宮)에서 번역하였다. 현장스님(600~664)을 삼장법사(三藏法師)라고 하는 이유는 경, 율, 논 삼장에 통

달하신 분이기 때문이다. 현장스님은 629년 29세
의 나이로 혼자 서역으로 구법여행을 떠난 뒤 645
년 1월에 장안에 돌아와 〈대반야경〉을 비롯한 75
부 1335권의 경전을 번역하였다.

* 참고... 2001년 탈레반 정권에 의해 파괴된 바미얀 석불 파편에서 중
국 현장법사가 한역한 경전의 범어 원본 일부가 발견됐다. 유네스코 협
력기관과 국제기념물유적회의(ICOMOS)의 독일 조사단이 아프가니스
탄 중부에 파괴된 바미얀 동·서대불 가운데, 동대불의 잔해에서 5~6세
기경의 문자로 쓰인 불경의 원전 일부를 발견했다. 이 경전은 7세기경
바미얀을 방문했던 중국의 고승 현장법사가 한역해 한국에도 전해졌던
'연기경(緣起經)'의 범어(梵語) 원전일 가능성이 크다고 알려졌다. 일
본 가즈노부(松田和信) 교수의 말을 인용하면 "발견된 이 경문은 대불
건립 당시 불상 내부에 안치됐던 '태내경(胎內經)'일 가능성이 커, 수수
께끼에 휩싸였던 바미얀 대불의 건립 경위 등을 해명하는데 귀중한 자
료가 될 것으로 기대된다."고 분석했다. 이어, 이 경전은 인도 북부로부
터 파키스탄, 아프가니스탄에 이르는 지역에서 6~7세기경에 사용된
'키르깃 바미얀 제1형 문자'로 기록됐다. 발견된 경전은 자작나무 껍데
기에 쓰인 것으로, 부처님 사리와 함께 천으로 싸인 상태로 발견됐다.

조역(詔譯)이란 말은 임금의 조서를 받아 번역하였다는 말이다. 고대 중국에서 경의 번역은 개인적으로 이루어졌지만 대체적으로 구마라습(343~413) 이후에는 임금의 명으로 역경원이 꾸려지고 수많은 역경승들에 의해 그곳에서 감수가 진행되면서 범어 경전이 한문으로 번역이 이루어졌다.

현장스님도 당나라 황제의 칙명을 통해 역경원이 꾸려지고 그곳에서 역경승들과 더불어 경전을 번역하였다. 구마라습 이전의 번역 경전을 고역(古譯)이라고 하였으며, 구마라습의 역경을 구역(舊譯), 현장스님부터는 신역(新譯)이라고 통칭적으로 부르고 있다.

如是我聞

여시아문

이와 같이 내가 들었노라.

여시아문(如是我聞)은 '이와 같이 내가 들었노라.'의 뜻이다. 경전의 모든 첫머리에 있는 말로, 붓다의 입멸 시 다문(多聞) 제일이었던, 아난존자에게 모든 경전의 처음에 이 말을 두어 외도의 경전과 구별하라고 한 것에 의해 쓰여졌다.

여시(如是)는 경 가운데 설한 부처님의 언동(言動)을 이르는 말이며, 아문(我聞)은 경장의 편집자인 아난의 말이다. 여시(如是)는 자기가 들은 법에 믿고 수순하는 의미이며, 아문(我聞)은 그 믿음을 굳게 지켜 가지는 사람을 말한다. 부처님의 설법임을 명시하기 위해 이 말을 사용하였다.

예로 〈불지경론(佛地經論)〉에 이르기를 '여시아문이라는 것은 이미 들은 것을 전부 드러내었다는 말이니, 부처님의 가르침을 전하는 것이며, 여시라는 말은 내가 지난날 일찍이 들었던 일이다.(如是我聞者 謂總顯已聞 傳佛教者 言如是事 我昔曾聞)' 라고 설명하였다.

 또한 〈금강경주해(金剛經注解)〉에 많은 설명 가운데 이문회(李文會)라는 분의 설명 하나를 소개하자면, '여시아문이라는 것은 여래의 열반 일이 이르자 아난이 묻되, 부처님 멸도 후 일체 의 경의 머리글로 어떤 글자를 안배해야 될까요 하니, 부처님께서 말씀하시기를 여시아문을 안 배하고 다음으로 설법한 장소를 드러내어라 하 셨다.(如是我聞者 如來臨涅槃日 阿難問曰 佛滅 度後 一切經首 初安何字 佛言初安如是我聞 次 顯處所)' 고 되어 있어 의미심장하다.

一時 薄伽梵在室羅筏 住誓多林
給孤獨園 與無量無數聲聞 菩薩
天人等俱 爾時 世尊告苾芻衆 吾
當爲汝宣說緣起初差別義 汝應諦
聽 極善思惟 吾今爲汝分別解說

(일시 박가범재실라벌 주서다림급고독원 여무량무수

성문 보살 천인등구 이시 세존고필추중 오당위여선

설연기초차별의 여응제청 극선사유 오금위여분별해

설)

한때에 부처님께서 실라벌(室羅筏)에 있는 서다림급고독원(誓多林給孤獨園)에 계실 때, 한량없고 헤아릴 수 없는 성문(聲聞)과 보살(菩薩), 천인(天人)들 등과 더불어 계셨다. 이때 세존께서 비구 대중들에게 말씀하시기를 "내 마땅히 그대들을 위해 연기법의 시작과 차별된 의미를 설하리니, 그대들은 응당 자세히 듣고 지극히 잘 생각해야 하리라. 내가 지금 그대들을 위하여 분별하여 해설하리라." 하셨다.

해설 2

실라벌(室羅筏)은 사위(舍衛)라고도 하며, 산스크리트어로 스라와스띠(Śrāvastī)로 실라벌실지(室羅筏悉底), 시라파제(尸羅婆提)라고도 음역된다. 문자(聞者), 문물(聞物), 풍덕(豊德), 호도(好道) 등이라 번역하기도 한다.

중인도 교살라국의 도성(都城)이다. 석가모니 부처님이 계실 때 바사닉왕, 유리왕이 살았으며 성 남쪽에는 유명한 기원정사가 있었다. 사위(舍衛)를 나라 이름이라고 하는 것은 남쪽의 교살라국과 구별하기 위해서 성(城) 이름을 나라 이름으로 한 것이다. 그 위치에 대해서는 지형과 유물 발견에 의해서 지금의 콘다(Condā) 주의 셋트마헷트(Setmahet)인 것이 대개 증명되었다.

서다림급고독원(誓多林給孤獨園)의 서다림(誓

18

多林)은 산스크리트어로 제따바나(Jetavana)라고 하며, 기다림(祈陀林)이라고도 한다. 서다(逝多) 태자가 소유한 숲이므로 서다림이라고 했다. 수달장자가 사서 절을 지어 부처님께 바쳤다. 곧 기원정사를 이르는 말이다. 어렵고 고독한 이들에게 많이 베풀었으므로 수달장자를 급고독(給孤獨)이라고도 하는데, 서다 태자의 소유인 서다림을 급고독장자가 사서 부처님께 공양했으므로 서다림급고독원(誓多林給孤獨園)이라고 부르게 된 것이다.

* 참고...기원정사(祇園精舍)는 인도 코살라국의 수도 사위성(舍衛城) 남쪽 1.6킬로미터 지점에 자리잡고 있었던 불교사원이다. 기수급고독원(祇樹給孤獨園)이라고도 한다. 기타(祇陀)태자의 동산에 수달(須達,給孤獨)장자가 지은 사원이라는 의미다. 석가모니 45년간의 수행과 전도기간 중 가장 오래 머물렀던 곳이 이곳이다. 7층의 가람이 있었을 만큼 웅대한 규모를 자랑했다. 그러나 당나라 현장(玄奘) 스님이 이곳에 들렀을 때는 이미 황폐해진 뒤였다.

19

기원정사(祇園精舍)는 왕사성(王舍城)의 죽림정사(竹林精舍)와 함께 불교교단의 2대 정사로 유명하다. 부처님이 45년 동안의 교화 기간 중 무려 24회의 우안거(雨安居)를 지내면서 가장 오래 머물던 곳이 기원정사이다. 오늘날 불교도들이 독송하는 수많은 경전(經典)도 주로 이곳에서 설해졌다. 불교교단의 승원 중에서도 그 규모가 가장 컸던 기원정사의 또 다른 이름은 기수급고독원(祇樹給孤獨園)이다.

그 옛날 이곳은 코살라국의 태자 기타(祇陀)의 소유지였는데 수달(須達. 가난한 이에게 보시를 많이 하였다 하여 급고독(給孤獨)이라고도 한다)이라는 한 부호의 신앙심에 감동하여 이 동산을 희사(喜捨)하여 승원이 세워지게 된 데서 유래된 이름이다. 즉 기타태자의 동산에 급고독 장자(수달)가 세운 승원이란 뜻이다. 가난하고 외로운 사람들에게 항상 베풀기를 좋아했던 수달은 장사차 왕사성에 갔다가 처남의 집에 머물렀는데 그때 부처님을 만나 가르침의 뜻을 이해하고 한평생 신자가 될 것을 서약했다. 이때의 일이 인연이 되어 수달은 고향 사위성(舍衛城)에 돌아와 부처님과 그 제자들이 머물 승원을 세우고자 했다. 장소를 물색하던 중 태자의 소유지인 한 동산이 마음에 들어 기타태자에게 승원을 세울 수 있도록 수차 애원했지만 그때마다 거절당했다. 그러다가 태자가 '동산 가득히 황금을 깐다면 양도하겠다.' 고 하자 수달은 황금을 수레 가득 싣고 와서 동산에 깔기 시작했다. 수달의 믿음에 감동한 태자는 생각을 돌이켜 마침내 동산을 양도했다. 그러나 입구의 빈터만은 자신이 승단에 기증하고 싶으니 남겨 달라고 했다. 이렇게 해서 세워진 승원이 기원정사이다.

수달장자에 의한 기타태자의 원림(園林)기증은 불교교단사상 괄목할 만한 사건이다. 후대의 불교미술 특히 불교의 전설을 소재로 한 부조에는 이 이야기를 다룬 것이 매우 많다. 바르후트 난간 기둥의 부조는 그 대표적인 것이다. 현재는 원림과 승원터가 남아 있다.

　여기서 '필추(苾芻)'는 '비구'로 번역하였다. 수행승의 다른 말이다. 비쿠(bhikṣu)의 음역이며, '탁발하는 자'의 뜻을 가지고 있다. 비구를 필추로 번역한 것은 현장의 번역부터였다. 참고로 앞서 부처님을 박가범(薄伽梵)으로 번역한 예도 같다. 박가범은 바가완(Bhagavān)의 음역이며, 부처님의 칭호이다. '세존', '뛰어난 자', '번뇌를 타파하는 자', '여러 가지 덕을 지닌 자'의 의미를 가지고 있다.

* 참고...불교용어에 있어 체(諦)는 '제'로 읽습니다. 십방(十方)을 '시방'으로 읽는 것도 같습니다. 보제(菩提)를 '보리'로 읽는 것도 마찬가지입니다. 왜 그런지는 몰라도 불교에서는 한자를 독특하게 읽는 것들이 더러 있습니다.

원문 3

苾芻衆言 唯然願說 我等樂聞

(필추중언 유연원설 아등락문)

번역 3

비구 대중이 말하기를 "오로지 설하여 주시기를 원하옵나니, 우리들이 다 같이 즐겁게 듣겠습니다." 하였다.

해설 3

여기서는 부처님의 설법이 본격적으로 시작되기 전에 어떠한 마음으로 불법을 접해야 하는가에 대한 마음가짐을 드러내었다. "오로지 설하여 주시기를 원하옵나니, 우리들이 다 같이 즐겁게 듣겠습니다."라는 고백은 설법하시는 부처님에 대한 무량한 존경심과, 불법(佛法)에 대한 무한한 경외심과, 불법(佛法)을 듣는 이의 무한한 겸손을 나타낸 것이다.

이 〈연기경〉은 비구대중들이 부처님께 따로 법을 청하지 않았음에도 부처님께서 비구들을 향해 자청해서 법을 설하신 것이다. 예로서 〈금강경〉 같은 경우는 수보리 장로의 청법에 의해 불법이 설해진 것을 알 수 있다. 살펴보면 다음과 같다. '그때 대중 가운데 있던 수보리 장로가 자리에서 일어나 오른쪽 어깨를 드러내고 오른 무릎을 땅에 대며 합장하고 공손히 부처님께 여쭈

었습니다. "희유하십니다. 세존이시여! 여래께서는 모든 보살들을 잘 보호하고 생각하시며, 모든 보살들에게 잘 부탁하십니다. 세존이시여! 어진 남자와 어진 여인이 아뇩다라삼먁삼보리심을 드러낼 때 응당 어떻게 머물며 어떻게 그 마음을 항복시켜야 합니까.(時 長老須菩提 在大衆中 卽從座起 偏袒右肩 右膝着地 合掌恭敬而白佛言 希有世尊 如來 善護念 諸菩薩 善付囑 諸菩薩. 世尊 善男子 善女人 發阿耨多羅三藐三菩提心 應云何住 云何降伏其心)' 라고 하였다.

그에 반해 〈연기경〉처럼, 청법(請法)이 없었음에도 부처님께서 연기법에 대한 설법이 행해졌다는 것은 그만큼 연기법이 반드시 듣고 배워야 할 중요 사항이라는 것을 의미하기도 한다. 즉, 부처님 입장에서는 연기법이 대중의 청법이 없어도 대중이 반드시 알아야 할 중요한 내용이었

27

던 것이다. 이러한 중요한 법이 바로 연기법이며, 연기법에 대해 세세히 분별하여 설한 12연기인 것이다. 그러니 그 설법에 대한 듣는 이의 반응은 어떠해야 마땅할 것인가.

여기서는 듣는 이의 자세를 크게 두 가지로 나누었다.

첫째, "오로지 설하여 주시기를 원하옵나니," 라고 하여, 간절히 갈구하는 심정을 드러내었다. "오로지"라는 말 속에 숨겨진 간절함을 느낄 수 있어야 한다. 마치 갓난아이가 젖을 찾듯이, 사막에서 목마른 자가 물을 찾듯이 간절하고도 갈급해야 함을 알려준다. 이 "오로지"라는 말 속에는 진리에 대한 갈구와, 이 연기법을 통해 얻게 될 중생들의 온갖 번뇌와 윤회로부터의 탈출, 그리고 그물처럼 얽힌 온갖 현상에 대한 투철한 깨달음과, 연기법을 통해 피안으로 가는 길을 알 수 있다는 것을 은연 중 드러내었던 것이다. 우리가 맞닥뜨린 지금의 현상계와, 우리가 태어나서 살다가 늙고 죽는, 삶의 숨겨진 이치를 연기법만큼 잘 드러내 준 설법이 과연 있을까 하는 확신까지 은연 중 드러낸 것이다.

 둘째, "우리들이 다 같이 즐겁게 듣겠습니다."라고 하였다. 이 말은 부처님께서 설법해 주신다면, 즐겁게 듣겠다고 하는 고백이다. "즐겁게 듣겠다."라는 고백은 사랑하는 마음이다. 사랑하는 이의 음성에 즐겁게 반응하는 마음가짐이다. 사랑하는 이의 음성은 꿀과 같이 감미롭고, 가뭄에 단비처럼 시원하다. 그간 땅속에 숨겨져 기다리던 온갖 씨앗들이 싹을 틔우듯 우리 마음속에 온갖 선한 발원과 선한 신심이 싹을 틔운다.

부처님의 설법은 억지가 없다. 듣기 싫은 이에게 강제하지 않는다. 그러나 듣고자 하는 이에게는 기쁨을 선사한다. 더욱 선한 깨달음을 갈구하게 하며, 마침내 고통과 번뇌 가득한 차안으로부터 평안함과 안락함이 있는 깨달음의 피안으로 안내를 하고야 만다.

佛言 云何名緣起初 謂依此有故
彼有 此生故彼生 所謂無明緣行
行緣識 識緣名色 名色緣六處 六
處緣觸 觸緣受 受緣愛 愛緣取 取
緣有 有緣生 生緣老死 起愁歎苦
憂惱 是名爲純大苦蘊集 如是名
爲緣起初義

(불언 운하명연기초 위의차유고피유 차생고피생 소
위무명연행 행연식 식연명색 명색연육처 육처연촉
촉연수 수연애 애연취 취연유 유연생 생연노사 기수
탄고우뇌 시명위순대고온집 여시명위연기초의)

부처님께서 말씀하셨다. "어떻게 연기법
(緣起法)이 시작되었다고 부르게 되었는
가? 이것이 있음을 의지해서 저것이 있음
을 말하는 것이니, 이것이 생기므로 저것
이 생기는 것이다. 무명(無明)을 인연으
로 행(行)이 생기고, 행(行)을 인연으로
식(識)이 생기고, 식(識)을 인연으로 명색
(名色)이 생기고, 명색(名色)을 인연으로
육처(六處)가 생기고. 육처(六處)를 인연
으로 촉(觸)이 생기고, 촉(觸)을 인연으로
수(受)가 생기고, 수(受)를 인연으로 애
(愛)가 생기고, 애(愛)를 인연으로 취(取)
가 생기고, 취(取)를 인연으로 유(有)가
생기고, 유(有)를 인연으로 생(生)이 생기

고, 생(生)을 인연으로 노사(老死)가 생기고, 슬픔과, 한탄스러움과, 괴로움과, 근심과, 번뇌가 일어나는 것을 이르느니라. 이것을 불러 순전히 크나큰 괴로움이 쌓이고 모였다고 하나니, 이와 같은 것을 연기법(緣起法)의 시작이요 의미라고 부르느니라."

연기법(緣起法)의 시작이라는 것은 연기법의 기본 바탕이 되는 핵심 내용이며, 대의(大義)를 이른 말이다. 12연기법은 '이것이 있음을 의지해서 저것이 있음을 말하는 것이니, 이것이 생기므로 저것이 생기는 것이다.' 라는 개념에서 시작되었음을 알려준 것이다. '이것이 있음을 의지해서 저것이 있음을 말하는 것이니, 이것이 생기므로 저것이 생기는 것이다.' 라는 개념은 '이것이 사라짐을 의지해서 저것도 사라짐을 말하는 것이니, 이것이 사라짐으로 저것도 사라진다.' 는 의미까지 함축하고 있다고 봐야 한다.

12연기는 일체가 고정된 실체가 따로 있다는 고정관념을 깨는 가르침이며, 일체는 인연에 의해 생겼다가 인연에 의해 사라지는 존재임을 가르쳐 준다. 일체가 연기(인연에 의해 일어난 것)이므로 모든 존재는 그 자체로 공성(空性)이 된다. 무(無)가 아닌 자체 공(空)이다. 존재성을 부인하지 않으면서 집착하지 않는다.

〈연기경〉이 설해짐에 있어 비로소 12연기법의 시작과 개괄적인 설명을 시작으로 앞으로 나아가며 부분 부분의 의미를 설명한다. '이것이 생김으로 저것이 생긴다.'는 구체적인 일체 현상을 설명함에 있어, 크게 열두 가지로 나눈 것이 12연기법이다.

무명(無明)→행(行)→식(識)→명색(名色)→육처(六處)→촉(觸)→수(受)→애(愛)→취(取)→유(有)→생(生)→노사(老死)로 이어지는 인연소생법(因緣所生法)이 되는 것이다. 구체적인 낱낱의 의미를 설법하기에 앞서 부처님께서 개괄적인 설명을 전제로 드러내신 것이다.

이 12연기의 순서를 뒤집으면, 인연소멸법(因

緣消滅法)이 되는데 다음과 같다. 노사(老死)가 소멸하면 생(生)이 소멸하며, 생(生)이 소멸하면 유(有)가 소멸하며, 유(有)가 소멸하면 취(取)가 소멸하며, 취(取)가 소멸하면 애(愛)가 소멸하며, 애(愛)가 소멸하면 수(受)가 소멸하며, 수(受)가 소멸하면 촉(觸)이 소멸하며, 촉(觸)이 소멸하면 육처(六處)가 소멸하며, 육처(六處)가 소멸하면 명색(名色)이 소멸하며, 명색(名色)이 소멸하면 식(識)이 소멸하며, 식(識)이 소멸하면 행(行)이 소멸하며, 행(行)이 소멸하면 무명(無明)이 소멸한다.

간략히 하면, 노사(老死)→생(生)→유(有)→취(取)→애(愛)→수(受)→촉(觸)→육처(六處)→명색(名色)→식(識)→행(行)→무명(無明)의 소멸하는 순서가 되는 것이다. 여기서 알 수 있는 것은 인연에 의해 현상이 생기는 것만 연기법(緣

起法)이 아니라 인연이 사라짐으로 인해 현상이 소멸하는 것도 연기법(緣起法)임을 알 수가 있다.

〈중아함경〉 장수왕 품에 이르기를 '아난아! 내가 근본인, 연기(緣起)의 인연과 연기소생법(緣起所生法)의 인연을 설하리라. 만약, 이것이 있으면 저것이 있고, 만약 이것이 없으면 저것도 없고, 만약 이것이 생기면 저것이 생기고, 만약 이것이 멸(滅)하면 저것도 없느니라. 무명(無明)을 인연으로 행(行)이, 행(行)을 인연으로 식(識)이, 식(識)을 인연으로 명색(名色)이, 명색(名色)을 인연으로 육처(六處)가, 육처(六處)를 인연으로 반복되는 낙(樂)이, 반복되는 낙(樂)을 인연으로 각(覺)이, 각(覺)을 인연으로 애(愛)가, 애(愛)를 인연으로 수(受)가, 수(受)를 인연으로 유(有)가, 유(有)를 인연으로 생(生)이, 생(生)을 인연으로 노사(老死)가 생겼느니라. 만약, 무명(無明)이 멸하면 행(行)이 멸하고, 행(行)이 멸한즉 식(識)이 멸하고, 식(識)이 멸한즉 명색(名色)이 멸하고, 명색(名色)이 멸한즉 육처(六處)가 멸하고, 육처(六處)가 멸한즉 반복되는 낙(樂)이 멸하고, 반복되는 낙(樂)이 멸한즉 각(覺)이 멸하고, 각(覺)이 멸한즉 애(愛)가 멸하고, 애(愛)가 멸한즉 수(受)가 멸하고, 수(受)가 멸한즉 유(有)가 멸하고, 유(有)가 멸한즉 생(生)이 멸하고, 생(生)이 멸한즉 노사(老死)가 멸하느니라. 아난아! 이 연기(緣起)의 인연과 연기소생법(緣起所生法)의 인연을 너는 마땅히 모든 어린 비구들을 위해서 설법하고 그렇게 가르쳐 주어야 하느니라. 만약 모든 어린 비구들에게 이 연기(緣起)의 인연과 연기소생법(緣起所生法)의 인연을 설법하고 가르치면, 그들이 문득 안은(安隱)함을 얻고, 힘을 얻고 즐거움을 얻으며, 몸과 마음이 번뇌롭지 않으리니, 종신토록 범행(梵行)을 행하리라. (阿難 我本爲汝說因緣起及因緣起所生法 若有此則有彼 若無此則無彼 若生此則生彼 若滅此則滅彼 緣無明行 緣行識 緣識名色 緣名色六處 緣六處更樂 緣更樂覺 緣覺愛 緣愛受 緣受有 緣有生 緣生老死 若無明滅則行滅 行滅則識滅 識滅則名色滅 名色滅則六處滅 六處滅則更樂滅 更樂滅則覺滅 覺滅則愛滅 愛滅則受滅 受滅則有滅 有滅則生滅 生滅則老死滅 阿難 此因緣起及因緣起所生法 汝當爲諸年少比丘說以爲彼 若爲諸年少比丘說教此因緣起及因緣起所生法者 彼便得安隱 得力得樂 身心不煩熱 終身行梵行)'고 하였다.

연기법을 설함에 있어 〈중아함경〉의 특이할 사항은 〈연기경〉에서 말하는 촉(觸)을 갱락(更樂)

40

이라고 했다는 것이다. 갱락(更樂)은 반복되는 즐거움이라는 의미이다. 즉 감촉하는 것을 반복하는 즐거움이라고 한 것이 특이하다. 또한 〈연기경〉에서의 식(識)을 〈중아함경〉에는 각(覺)과 동일한 것으로 파악하여 식(識)과 각(覺)을 구분하지 않고 혼용하여 사용하였음도 알 수 있다. 또한 〈중아함경〉에서는 이 연기법을 어린 비구에게 설법하라고 하였는데, 비구는 원래 20세 이후의 승려를 일컫는 것으로 실제 나이가 어리지는 않다. 아마 출가한 연수가 어린 비구를 이르는 말일 것이다. 이 말은 〈연기경〉의 연기법은 비구가 반드시 배워야 할 불법의 가장 중요하면서도 기초가 되는 가르침임을 일러주고 있는 것이다.

云何名爲緣起差別

(운하명위연기차별)

"무엇을 연기법(緣起法)의 차별이라고
부르게 되었는가?

연기법(緣起法)의 차별이라는 것은 앞서 설명한 연기법의 대의(大義)인 '이것이 있음을 의지해서 저것이 있음을 말하는 것이니, 이것이 생기므로 저것이 생기는 것이다.'에서 연기법(緣起法)을 다시 부분별로 자세히 나누고, 차별을 둬서 설명한다는 말이다. 이 열두 가지는 12연기법의 첫 번째가 되는 근본 무명(無明)을 바탕으로 열두 번째 노사(老死)인 늙고 죽음에 이르기까지의 인연법과 제법(諸法)의 현상을 설명한 것이다.

앞서 설명한 대로 '무명(無明)→행(行)→식(識)→명색(名色)→육처(六處)→촉(觸)→수(受)→애(愛)→취(取)→유(有)→생(生)→노사(老死)'로 이어지는 인연소생법(因緣所生法)을 구체적으로 설명하기에 앞서 친절히 자문(自問)하는 형식을 취하신 말씀이다.

이러한 자문자답(自問自答) 형식의 설법은 중생의 근기에 맞춰 법을 이해하기 쉽게 설명하고자 하는 부처님의 자비심이 담겨있다.

 중생이 근기가 낮으면 물어볼 것을 물어보지 못하고, 대답할 것을 대답하지 못한다. 그럴 때 스스로 묻고 답하는 형식을 취하여, 중생의 궁금증을 대신 드러내시며, 스스로 답을 하셔서 중생의 궁금증을 대신 풀어주시는 것이다. 그리하여 부처님은 중생이 알아들을 때 까지 반복해서 설명하시며, 결국 차안에서 피안으로 건너가는 다리를 놓고야 만다. 친절하게 중생의 손을 잡고 길을 안내하며, 괴로움의 바다를 건네주신다. 그래서 불법(佛法)이 무량(無量)하게 되었으리라.

원문 6

謂無明緣行者 云何無明 謂於前
際無知 於後際無知 於前後際無
知

(위무명연행자 운하무명 위어전제무지 어후제무지
어전후제무지)

46

무명(無明)을 인연으로 행(行)이 생긴다
고 하였나니, 무엇을 무명(無明)이라고
하는가. 전생(前生)의 무지(無知)와 내생
(來生)의 무지(無知)와 전생(前生)과 내
생(來生)의 무지(無知)를 이르는 것이니
라.

해설 6

　전생(前生)과 현생(現生), 내생(來生)을 일러 삼생(三生)이라고 한다. 무명(無明)은 지혜의 빛이 없음을 말하는데, 무명의 첫째 되는 것이 이 삼생(三生)에 대해 무지한 것임을 알려주고 있다. 전생과 현생과 내생의 구분은 태어나기 전의 삶과, 태어나서 현생을 사는 것과, 죽은 뒤의 세상을 말하기도 하지만, 좀 더 구체적으로 삼생(三生)의 구분은 찰나로 구분된다 하겠다.

　찰나는 지극히 짧은 시간을 의미하며, 어떤 일이나 상태가 이루어지는 바로 그 순간을 의미한다. 눈 깜짝할 사이를 이르기도 하며, 극히 최소한의 시간적 기본 단위를 이르기도 한다. 따라서 일체의 삶은 찰나에 생멸하는 존재임을 드러내었으며, 전생과 지금 찰나 생멸하는 현생과 내생에 전반적인 것에 대한 무지함을 일러 무명(無明)의 첫째가 된다고 이른 것이다.

〈잡아함경〉에 전생과 내생에 대해 어떻게 생각해야 할지 설명한 부분이 있다. '저 비구는 이와 같이 알고, 이와 같이 보는 사람이다. 전생을 갖추어 보며 영영 다하여 남음이 없다. 전생을 갖추어 보되 영영 다하여 이미 남음이 없느니라. 내생을 갖추어 보고 역시 영영 다하여 남음이 없고, 내생을 갖추어 보고 영영 다하여 이미 남음이 없느니라. 전생과 내생을 갖추어 보되 영영 다하여 남음이 없고, 막히고 집착하는 바가 없다. 모든 세간에서 도무지 취할 바가 없어서 취할 바가 없는 사람이며, 역시 바라는 바도 없어서 바라는 바가 없는 사람이니라. 스스로 깨달아 열반이니라. 나의 태어남이 이미 다하였고, 범행을 이미 설립하였으며, 지을 바도 이미 지었기에 스스로 아는 것은 뒤에 있는 것을 받지 않느니라.(彼比丘如是知 如是見者 前際俱見 永盡無餘

49

前際俱見 永盡無餘已 後際俱見 亦永盡無餘 後
際俱見 永盡無餘已 前後際俱見 永盡無餘 無所
封著 無所封著者 於諸世間都無所取 無所取者
亦無所求 無所求者 自覺涅槃 我生已盡 梵行已
立 所作已作 自知不受後有)´고 하였다.

51

於內無知 於外無知 於內外無知

(어내무지 어외무지 어내외무지)

안으로 무지(無知)하며, 밖으로 무지(無知)하며, 안팎이 무지한 것이니라.

무명(無明)의 두 번째로 안과 밖에 대해 무지함을 밝혔다. 안이라 함은 자신의 마음을 의미하며, 밖이라 함은 자신을 둘러싼 일체 현상의 연기적 현상에 무지한 것을 이른다. 안이나 밖이나 일어나는 모든 생각과 현상은 앞에서 연기법의 시작된 의미인 '이것이 있음을 의지해서 저것이 있음을 말하는 것이니, 이것이 생김으로 저것이 생기느니라.'고 설명한 대로 인연에 의해 발생한 것임을 알아야 한다는 뜻이다.

〈유가사지론(瑜伽師地論)〉에 이에 대한 설명이 있는데, '무지하다는 것에서, 안으로 무지하다는 것은 무슨 말인가. 각자 구별된 모든 행위에 이치에 맞지 않는 생각을 만들고 일으켜서 "나"라고 한다는 것이다. 무지하다는 것에서, 밖으로 무지하다는 것은 무슨 말인가. 밖으로 드러나는 잘못된 중생들의 수많은 행위를 이르는 것이니, 이치에 맞지 않는 생각을 만들고 일으켜 "내 것"이라고 한다는 것이다. 무지하다는 것에서, 안팎으로 무지하다는 것은 무슨 말인가. 다르게 상속(相續)되는 모든 행위에 이치에 맞지 않는 분별을 일으켜 원수 맺고, 친하게 지내는데 있어 무지함이 있음을 이르는 것이다.(所有無知 於內無知云何 謂於各別諸行 起不如理作意 謂之 爲我 所有無知 於外無知云何 謂於外非有情數諸 行 起不如理作意 謂爲我所 所有無知 於內外無 知云何 謂於他相續諸行 起不如理分別 謂怨親中 所有無知)' 라고 하였다.

於業無知 於異熟無知 於業異熟
無知

(어업무지 어이숙무지 어업이숙무지)

업(業)에 대해 무지(無知)하며, 이숙(異熟)에 대해 무지(無知)하며, 업(業)과 이숙(異熟)에 대해서 무지(無知)한 것이니라.

무명(無明)의 세 번째로 업(業)에 대해 무지함을 밝혔다. 업(業)에는 삼업(三業)이 있는데, 몸(身)과 입(口)과 뜻(意)으로 짓는 세 가지의 선악의 소행을 이른다. 업(業)의 행위는 반드시 업력(業力)이 따르는데, 업력에 의해 괴로움과 즐거움이라는 과(果)가 따른다. 혼자 짓고 혼자 받는 개인적인 업과(業果)가 있고, 혼자이거나 함께 업을 지어 그의 주변에 관계되는 이와 그 업과를 함께 받는 동업과(同業果)가 있다. 동업과(同業果)는 개인의 업이 개인의 과보(果報)로 그치는 게 아니라 업과 관계된, 또는 관계되지 않은 이들에게까지도 그 업의 영향이 미치게 됨을 의미한다.

 이숙(異熟)은 '다른 것으로 변화한다.' 는 뜻이다. 업력(業力)에 의해 금생의 몸과 다른 몸을 내생에 변화시켜 과보를 받게 한다는 것이다. 이숙

(異熟)은 찰나찰나 몸과 마음이 변천하고 성숙하며, 공간적으로도 성숙 변천하여 과보가 다른 종류로 바뀌어 나타나며 받는다. 일체의 업은 반드시 같은 업(業)에 같은 과(果)를 갖는 것은 아니며, 다른 형태로 그 과보가 변이 성숙되어 나타나기도 함을 이른다. 욕계와 색계, 무색계 등 삼계(三界)를 두루두루 윤회하면서 업력에 따라 새로운 과보를 받는 것을 말하는데 또한 업력은 인연을 만나 변화를 이룬다. 이러한 이숙(異熟)에 대해 무지한 것을 또한 무명(無明)이라고 하였다.

다시, 〈유가사지론(瑜伽師地論)〉에 이에 대한 설명이 있는데, '업에 무지하다는 것은 무슨 말인가. 모든 업에 있어서 이치에 맞지 않는 분별을 일으키는 것을 말하는데, 짓는 것이 있다는 것이다. 무지하다는 것에서 이숙에 대해 무지하다는 것은 무슨 말인가. 모든 행위가 모여서 이숙과가 되는 것을 이르는데, 이치에 맞지 않는 분별을 일으켜서 받는 것이 있음을 이른다. 무지하다는 것에서, 업과 이숙에 대해 무지하다는 것은 무슨 말인가. 업이 과보에 이르러 이치에 맞지 않게 분별을 일으키는 것을 이른다.(於業無知云何 謂於諸業 起不如理分別 謂有作者 所有無知 於異熟無知云何 謂於異熟果所攝諸行 起不如理分別 謂有受者 所有無知 於業異熟無知云何 謂於業及果 起不如理分別)' 라고 하였다.

於佛無知 於法無知 於僧無知

(어불무지 어법무지 어승무지)

부처님에 대해 무지(無知)하며, 불법(佛法)에 대해 무지(無知)하며, 승가(僧家)에 대해 무지(無知)한 것이니라.

무명(無明)의 네 번째로 불법승(佛法僧) 삼보(三寶)에 대해 무지한 것을 무명(無明)이라고 밝혔다. 삼보(三寶)는 세 가지 보물이란 뜻으로, 부처님과 부처님의 가르침, 깨달음을 연 사람을 뜻한다. 부처님은 '깨달음인 진리 그 자체'이며, 법은 '깨달음의 내용'이며, 승은 '그 가르침을 받아 수행하는 수행자'를 이른다. 이것을 세 가지 보물로 비유한 것은 불교를 구성하는 3가지의 중요한 요소이기 때문이다. '여래'와 '여래가 증명한 법'과, '여래의 법을 공부하는 이'를 일러 현전삼보(現前三寶)라고 하며, '불상(佛像)'과 '경권(經卷)과' '체발염의(剃髮染衣)'한 승려를 일러 주지삼보(住持三寶)라 한다.

다시, 〈유가사지론(瑜伽師地論)〉에 이에 대한 설명이 있는데, '부처님에 대해 무지하다는 것은 무슨 말인가. 불보살님에 대해 혹, 생각하지 않거나, 혹, 삿되게 생각하거나, 혹 제멋대로 거리낌 없거나, 혹, 제멋대로 의심하거나, 혹, 제멋대로 훼방하는 것을 이른다. 무지하다는 것에서 법에 무지하다는 것은 무슨 말인가. 정법의 좋은 설명과 성향에 대해 혹, 생각하지 않거나, 혹, 삿되게 생각하거나, 혹 제멋대로 거리낌 없거나, 혹 제멋대로 의심하거나, 혹, 제멋대로 훼방하는 것을 이른다. 무지하다는 것에서 승가에 무지하다는 것은 무슨 말인가. 승가에 바른 행위에 대해 혹, 생각하지 않거나, 혹, 삿되게 생각하거나, 혹, 제멋대로 거리낌 없거나, 혹, 제멋대로 의심하거나, 혹 훼방하는 것을 이른다.(於佛無知云何 謂於佛菩提 或不思惟 或邪思惟 或由放逸 或由疑惑 或由毁謗 所有無知 於法無知云何 謂於正法善說性 或不思惟 或邪思惟 或由放逸 或由疑惑 或由毁謗 所有無知 於僧無知云何 謂於僧正行 或不思惟 或邪思惟 或由放逸或由疑惑 或由毁謗)' 라고 하였다.

於苦無知 於集無知 於滅無知 於
道無知

(어고무지 어집무지 어멸무지 어도무지)

고(苦)에 대해 무지(無知)한 것이며, 집
(集)에 대해 무지(無知)한 것이며, 멸(滅)
에 대해 무지(無知)한 것이며, 도(道)에
대해 무지(無知)한 것이니라.

무명(無明)의 다섯 번째로 고집멸도(苦集滅道)에 대해 무지한 것을 일러 무명(無明)이라고 밝혔다. 고집멸도(苦集滅道)를 일러 사성제(四聖諦)라고 하는데, '네 가지 진리'를 의미한다. 네 가지 진리라는 것은 인생의 문제와 해결법에 대한 네 가지 진리라는 뜻이다.

첫째, 고제(苦諦)는 이 세상은 고통이라는 진실이다. 〈증일아함경〉에 '그것을 어째서 고제라 하는가? 태어나는 고통과 늙는 고통과 병드는 고통과 죽는 고통과 우려와 슬픔의 고통과 낙담하고 우울한 고통을 이르는데, 이름을 대서 기록하지 못할 정도다. 원증회고(怨憎會苦. 원수와 미운 이와 만나는 고통), 은애별고((恩愛別苦; 은애하는 이와 이별하는 고통), 소욕부득(所欲不得; 갖고 싶은 걸 갖지 못하는 고통)이다. 다시 이러한 고통의 중요한 부분을 취합해서 말하면,

오성음고(五盛陰苦)이니 이것을 고제(苦諦)라 한다.(彼云何名爲苦諦 所謂生苦 老苦 病苦 死苦 憂悲惱苦 愁憂苦痛 不可稱記 怨憎會苦 恩愛別苦 所欲不得 亦復是苦 取要言之 五盛陰苦 是謂苦諦)’고 했다.

오성음고(五盛陰苦)는 색,수,상,행,식(色,受,想,行,識)으로 집착과 고통을 갖게 하는 인간존재의 5가지 요소인 오온(五蘊)은 이르는데, 오온(五蘊)은 번뇌와 망집, 집착의 조건이 되고 번뇌가 발생하는 근원이 된다. 오온(五蘊)의 구성요소인 색, 수, 상, 행, 식(色, 受, 想, 行, 識)에서 색(色)은 일체의 물질적 현상을 이르는 말이다. 수(受)는 받아들이는 감수작용(感受作用)을 이르는 말이다. 상(想)은 감수작용을 통해 마음에 떠오르는 것을 이르는 말이다. 생각뿐만 아니라 어떤 모습까지 포괄하는 말이다. 행(行)은 의지, 혹은 충동적 욕구에 해당되는 마음작용을 이른다. 잠재적 마음의 작용이 수(受)와 상(想)이라면 현상이 드러나는 마음의 작용까지 포함하는 작용을 이르는 말이다. 식(識)은 인식작용이며, 식별작용이며, 구별작용이다. 마음작용 전반을 총괄하는 것으로 해석될 수 있다.

둘째, 집제(集諦)는 고통이 모이는 것이며, 이 고통은 미혹에 의한 업(業)이 쌓여서 원인이 되고 있다는 진리이다. 고(苦)를 초래하는 원인이 쌓여서 집(集)이며, 업의 인연이 상속되므로 집(集)이라고 설명하였다. 습제(習諦)라고도 한다. 〈증일아함경〉에 '집제(集諦)란 무명(無明)으로 애착에 이르는 것이니, 8고(八苦; 생, 노, 병, 사, 애별리고, 원증회고, 구부득고, 오음성고)로 인연의 근본을 짓게 만드는 것이며, 마땅히 이 모이는 것을 알지니, 진실로 이것을 고통의 원인이라 한다.'고 했다.

셋째, 멸제(滅諦)는 도제(道諦)를 통해 미혹의 세계를 여의고 괴로움이 소멸된 상태인 적멸(寂滅)을 이른다. 적멸(寂滅)은 평안한 상태이며, 번뇌의 불이 완전히 꺼진 상태다. 일체의 상(相)을 여읜 경지를 이르며 부처님의 깨달음의 경지를 이르기도 한다. 궁극의 깨달음의 상태를 말하며, 열반에 드는 것을 이르기도 한다.

넷째, 도제(道諦)는 번뇌를 끊고 열반에 이르기 위한 도(道)를 이른다. 보통 팔정도(八正道)인 8가지 길을 이른다. 첫째, 정견(正見)으로 사성제의 도리를 자세히 관하는 것을 이른다. 둘째, 정사유(正思惟)로 올바르게 사성제의 도리를 사유하는 것을 이른다. 셋째, 정어(正語)로 바른 말을 하는 것을 이른다. 넷째, 정업(正業)으로 올바른 행동을 할 것을 이른다. 다섯째 정명(正命)으로 신,구,의(身口意) 삼업(三業)을 청정하게 하여 올바른 이치와 법도에 따라 생활하는 것을 이른다. 여섯째, 정정진(正精進)으로 부처님의 가르침에 힘써 정진하는 것을 이른다. 일곱째, 정념(正念)으로 부처님의 바른 가르침을 기억하며 삿된 생각이 없어야 함을 이른다. 여덟째, 정정(正定)으로 미혹이 없는 청정한 깨달음의 경지에 들어가는 것을 이른다. 간략히 하면, '올바른 견해', '올바른 생각', '올바른 말', '올바른 행위', '올바른 생활', '올바른 노력', '올바른 마음 씀', '올바른 선정(禪定)'을 이른다.

於因無知 於果無知 於因已生諸
法無知

(어인무지 어과무지 어인이생제법무지)

인(因)에 대해 무지(無知)한 것이며, 과
(果)에 대해 무지(無知)한 것이며, 인(因)
으로 인해 이미 생긴 제법(諸法)에 대해
무지(無知)한 것이니라.

해설 11

무명(無明)의 여섯 번째로 인과(因果)에 있어, 원인에 대해 무지한 인무지(因無知)와, 인(因)에 의해 생성된 과에 대해 무지한 과무지(果無知)와, 인연에 의해 이미 생긴 제법(諸法)에 대해 무지한 제법무지(諸法無知)를 일러 무명(無明)이라고 밝혔다.

인무지(因無知)에 대해서는 〈유가사지론(瑜伽師地論)〉에 이르기를, '인무지(因無知)란 무슨 말인가. 이치에 맞지 않는 분별을 일으키는 것이니, 혹, 원인이 없다고 생각하거나, 혹, 자연히 세상에는 성품이 있고, 성비와 범부 사이에는 불평등의 원인이 있다고 여기는 것이다.(於因無知 云何 謂起不如理分別 或計無因 或計自在世性士夫中間等不平等因)' 라고 하였다.

제법(諸法)이란 존재하는 모든 현상을 이른다.

또는 존재하는 모든 물질적 현상(色)을 이르기도 하며, 모든 존재성을 이르는 말이다. 따라서 모든 존재는 인(因)에 의해 생겨난 존재라는 것이다. 일체 현상이 어떤 원인에 의해 발생해서 어떤 과보를 불러왔는지에 대한 무지와, 그 일체 현상을 똑바로 알지 못할 뿐 아니라 다시 일체 현상이 생긴 원인을 알지 못하는 무지를 일러 무명(無明)이라 했다.

於善無知 於不善無知

(어선무지 어불선무지)

번역 12

선(善)에 대해 무지(無知)한 것이며, 불선
(不善)에 대해 무지(無知)한 것이니라.

무명(無明)의 일곱 번째 원인으로 선(善)과 불선(不善)에 대해 무지한 것이라고 설명하였다. 불교의 실천적 지향점은 선(善)을 추구하는 데 있다. 몇몇 선어록(禪語錄)을 읽은 분들이 늘 간과하는 점이 선(善)과 불선(不善)을 구분하지 않는 것이다. '선(善)도 버리고 악(惡)도 버리라.'는 선사들의 가르침 탓일 것이다. 선(禪) 사상에서 선과 불선을 구분하지 않는다는 것은 엄밀한 의미에서 사량 분별하는 인식의 헛됨을 경고한 말이지, 선(善)과 불선(不善)을 구분하지 말라는 얘기는 아니다. 자신의 선하지 못한 행위와 사회적인 잘못을 간과하거나 동조하라는 얘기가 아니다. 불교에서의 선(善)의 기준은 오히려 간단하다. '처음도 좋고, 중간도 좋고, 나중도 좋은' 그런 선한 원인과, 선한 행위와, 선한 결과를 이르는 것이다. 다시 말하면 생각이 선하고, 행위가 선하고, 결과도 선한 것이다. 또한 나와 타인이 함께 행복한 삶을 사는 것이다. 자신의 이익 추구가 아닌 더불어 행복한 삶을 사는 것이라는 것을 잊어서는 안 되겠다.

선(善)에 대한 일례로는 〈대반니원경(大般泥洹經)〉에 이르기를, '이와 같이 선남자여, 보살마하살은 응당 이런 생각을 짓되, 바로 선에 대한 무지함을 쌓지 아니하리니, 마땅히 생각을 짓되 나에게 불성(佛性)이 있다는 것을 알며,......(如是善男子 菩薩摩訶薩當作是念 正使不善無知積聚 應作是知我有佛性,......)' 라고 하였다.

불선(不善)에 대해서는 〈유가론기(瑜伽論記)〉에 이르기를, '탐심과 무명이 상응하여 불선(不善)이 자연적으로 생긴다.(貪與無明相應自生不善)' 고 하였다. 지혜가 없는데다가 탐욕심까지 더했으니 온갖 불선이 생기는 것은 당연하다 하겠다.

於有罪無知 於無罪無知

(어유죄무지 어무죄무지)

번역 13

죄가 있는(有罪) 것에 대해 무지(無知)한 것이며, 죄가 없는(無罪) 것에 대해 무지(無知)한 것이니라.

해설 13

　무명(無明)의 여덟 번째 원인으로 죄가 있는 것과 죄가 없는 것에 무지함을 밝혔다. 무엇을 죄(罪)라고 할 것인가에 대해서는 기본적으로 불교에서는 가장 큰 죄 '4 바라이죄'가 있다. 4 바라이 죄는 살, 도, 음, 망(殺, 盜, 淫, 妄)을 말한다. 살인과, 도둑질과, 음행과, 깨닫지 못했으면서 깨달았다고 하는 거짓말을 말한다.

　'바라이죄(波羅夷罪)'는 파라지카(pārājika)인데, 비구나 비구니가 승단을 떠나야 하는 무거운 죄를 말한다. 물론 4바라이죄는 비구나 비구니에게 해당되고 승단에서 추방되는 죄다. 그러나 불자라면 누구나 극히 경계하고 조심해야 할 죄의 기준이 되기도 한다. 그래서 재가불자들에게 오계(五戒)를 줄 때도 제일 앞에 이 네 가지를 범하지 말 것을 명문화시킨 것이다.

첫째, 살인은 대승의 차원에서 살생으로 의미가 확대되어 일체 생명을 죽이지 말 것을 말하게 되었다. 모든 생명을 사랑해야 된다는 의미로 받아들여야 할 것이다.

둘째, 도둑질의 범위는 좀 더 엄격하다. 남의 것을 훔치는 것만을 이르는 것이 아니라 남이 주지 않은 것을 가지지 않는 것까지 포함된다. 탐욕심을 경계한 계율이라고 봐야 할 것이다.

셋째, 음행에 대해서는 비구나 비구니는 일체 육체적 성행위를 금하는 것이지만, 재가자의 경우에는 부부 이외의 음행을 경계한 계율이다. 애욕의 불길에 휩싸이면, 가정이 파괴되고, 개인적으로는 온갖 번뇌에 휩쓸리게 됨을 경계한 것이다.

넷째, 망령된 말을 경계했는데, 깨달았다고 허

황된 거짓말을 하지 말 것을 경계하였다. 스스로 깨달은 체하여 재가불자들에게서 공양을 받고, 스스로 존귀한 체 하는 것을 경계했다. 현대의 상황에 맞게 재해석한다면, 명예심에 눈이 어두워 스스로를 높이며, 자신의 이익을 위해 남을 속이는 것을 경계한 계율이라고 해석할 수도 있겠다.

 이 네 가지 바라이죄에 대한 계율은 승단 뿐 아니라 사람이 살아가는 데 있어 도덕적으로 지켜야 할 기본사항이 되기도 하지만, 사람을 사랑하며, 이웃을 사랑하며, 자신의 물욕을 경계하며, 애욕을 경계하며, 서로를 속이는 일이 없어야 할 것을 경계한 부처님의 가르침임을 알아야 한다.

於應修習無知 於不應修習無知

(어응수습무지 어불응수습무지)

응당 닦아 익힐 것에 무지(無知)한 것이
며, 응당 닦고 익히지 말아야 할 것에 무
지(無知)한 것이니라.

무명(無明)의 아홉 번째 원인으로 응당 닦고 익힐 것과, 닦고 익히지 말아야 할 것에 무지한 것이라고 밝혔다. 무엇을 닦을 것인가 하는 문제는 수행자의 삶에 평생 지침과도 같다.

예로 〈현우경(賢愚經)〉에 '일체 중생은 모두 마땅히 대자비심으로 윤택하고 이익 되게 할 것을 닦고 익혀야 한다.(一切衆生 皆應修習大慈潤益)'고 하였다.

이 말씀은 대승(大乘)을 추구하는 수행자의 수행하는 목적과 닦아야 할 수행의 지침이 아닐 수 없다. 이 말씀에 의지할 것 같으면, 닦지 말아야 할 것은 자신의 이익만을 위해서 추구하는 일체 모든 행위일 것이다.

응당 닦아야 될 것에 대해서는 〈대반야바라밀다경(大般若波羅蜜多經)〉에 이르기를, '다시,

사리자여! 보살마하살은 이미 닦아 익힘이 있나니, 보시, 정계, 안인, 정진, 정려, 반야바라밀이라. 초발심으로 이미 문득 보살의 바른 성품으로 생사를 여의는 데 들어가 불퇴전의 지위를 증득하였느니라.(復次 舍利子 有菩薩摩訶薩先已修習布施 淨戒 安忍 精進 靜慮 般若波羅蜜多 初發心已便入菩薩正性離生 乃至證得不退轉地)' 라고 하여, 육바라밀 수행을 강조하고 있다.

於下劣無知 於上妙無知

(어하열무지 어상묘무지)

하열(下劣)한 것에 무지한 것이니라. 수
승하고 미묘한 법에 무지한 것이니라.

무명(無明)의 열 번째와 열한 번째 원인으로 하열한 것과 수승하고 미묘한 법에 무지한 것이라고 밝혔다. 〈보리행경(菩提行經)〉에 하열한 것에 대한 몇 가지 예가 있는데, 다음과 같다. '나와 남이라는 이분법적 견해를 지닌 것(見彼下品人 而起自他見)'과 '스스로를 높이고 남을 다 같이 혐오하는 것(下劣心我慢 自勝嫌人同)'과 '자신이 즐겁고자 남을 괴롭히는 것(自樂而苦他 此行乃下劣)'과 '수행자가 아만심에 빠지는 것(修行住我慢)'과 '스스로 칭찬하며 미움과 애착의 죄에 얽히는 것(下劣心自讚　縛著憎愛罪)' 등등이다. 묘법(妙法)은 부처님의 말씀이자 자성(自性)의 공한 이치를 아는 것을 이른다고 할 수 있다. 자성의 공(空)한 이치를 확실히 알면 일체의 애착에서 벗어날 수 있으며, 번뇌에서 해탈할 수 있기 때문이다.

於黑無知 於白無知

(어흑무지 어백무지)

번역 16

검은 것에 무지한 것이며, 흰 것에 무지한
것이니라.

무명(無明)의 원인으로 열두 번째로 흑(黑)과 백(白)을 구분하지 못하는 것을 밝혔다. 여기에서 설명하는 흑백무지(黑白無知)에 대한 용례가 다른 경, 율, 논에서는 찾을 수가 없다. 〈연기경〉에서만 나오는 독특한 논리다. 흑백무지(黑白無知)가 단지 색을 구분하지 못할 정도의 색맹을 이르는 것인지, 아니면 지적 수준이 현저히 떨어지는 상태를 이르는 것인지는 분명치 않다. 추측컨대 이 두 가지를 다 포함해야 되지 않을까 생각한다.

다만, 한 가지 덧붙이자면 이런 색맹이나 지적 수준의 낮음뿐만 아니라 인식의 고루함까지 포함시켜야 되지 않을까 생각한다. 후진적 정치, 사회적 현상을 살펴볼 때 그러하다. 정치적으로는 독재정권의 행패처럼 삼권분립의 한 축인 사법기관을 하인처럼 부리며, 이데올로기를 내세워 자신의 정적을 없애고, 국민을 좌익과 우익으로 나누어 기득권을 공고히 하려는 행태로 인해 무지한 국민들이 흑백(黑白)을 구분하지 못하게 만들었다. 또한 사회적으로는 부유한 자가 힘없고 나약한 이들을 하인 부리듯 하고 업신여기며, 자신들의 물욕을 위해 초법적 권한을 내세우며, 인류를 파괴하기에 이르렀다. 그러하여 사람들로 하여금 권력과 물욕에 아부하며 자신들의 욕심을 채우기 위해서는 무슨 일도 서슴없이 저지르는 하열한 인격을 갖도록 조장하였다. 이러한 모든 행태의 무지함과 인식의 고루함에 사로잡힌 것도 흑백무지(黑白無知)의 한 예일 것이라 생각한다.

於有異分無知 於緣已生或六觸處
如實通達無知
(어유이분무지 어연이생혹육촉처 여실통달무지)

다른 부분이 있는 것을 모르는 것이며, 인연으로 이미 생겨난 혹 육촉처(六觸處)에 여실하게 통달하는 데 무지(無知)하기 때문이니라.

무명(無明)의 열세 번째로 육촉처(六觸處)에 대해 무지함을 밝혔다. 육촉처(六觸處)라는 것은 마음과, 일체 대상을 받아들이는 마음에 결부되어, 대상에 접촉시킨 마음 작용의 바탕이며, 감각의 바탕을 이루는 접촉을 이른다.

이른바 눈으로 접촉하는 안촉(眼觸), 귀로 접촉하는 이촉(耳觸), 코로 접촉하는 비촉(鼻觸), 혀로 접촉하는 설촉(舌觸), 몸으로 접촉하는 신촉(身觸), 생각으로 접촉하는 의촉(意觸)을 이른다.

의촉(意觸)에 대해서는 '설일체유부'의 가르침에는 생각, 즉 의식도 접촉의 한 감각기관으로 인식작용을 한다고 설명한다. 마음의 움직임으로 인해 대상을 지각하기 때문이다. 이 육촉처(六觸處)의 작용을 인연으로 하여 일체 번뇌가 발생하는 것을 여실히 모르는 것이 또한 무명(無明)임을 설하고 있는 것이다.

다시 말하면 안,이,비,설,신(眼,耳,鼻,舌,身;눈,귀,코,혀,몸)이 마음의 작용을 통해 대상과 접촉하여 인식작용이 일어남을 알아야 한다는 것이다. 이렇게 육촉(六觸)을 통해 일어난 인식 작용을 육식(六識)이라고 하며, 이 육식(六識)에 자신의 과거의 업식(業識)이 더해져 온갖 전도망상과 번뇌를 일으킨다. 이 번뇌를 일으키는 의식을 유루식(有漏識)이라고도 하며, 제7식(七識)이라고 한다. 앞서 밝힌 육식(六識)에 대한 개념은 사물에 접촉하는 순간, 그 인연으로 발생하는 모든 것에 무지한 것이 무명(無明)의 원인 중에 하나라고 설명한 것이다

如是於彼彼處如實無知 無見無現
觀 愚癡無明黑闇 是謂無明

(여시어피피처여실무지 무견무현관 우치무명흑암 시
위무명)

이와 같이 상대적인 것을 여실하게 모르며, 보는 것도 없고, 현상을 살피는 것도 없고, 우매하고 어리석어 밝음이 없고 어둡나니, 이것을 무명(無明)이라고 이르느니라.

해설 18

앞서서는 무명(無明)의 열세 가지의 원인들을 들어 자세히 설명했다. 여기서는 마지막으로 무명(無明)의 총체적 개념을 정리하고 있다고 보는 것이 맞을 것이다. 무명(無明)이란 무엇인가 하는 것에 대한 결론이 되는 것이다.

무명(無明)이란 무엇인가 하는 개괄적인 결론을 크게 세 가지로 설명하였다.

첫째, '상대적인 것을 여실하게 모르는 것이며' 라고 하였다. '상대적인 것' 이라는 것은 외부적 일체 현상이면서, 나와 남일 수도 있고, 어떤 현상에 있어 나의 견해와 타인의 견해일 수도 있다. 이 모든 상대적인 개념을 여실하게 알지 못한다는 것은 원래부터 있었던 고유한 존재성이 아니라 인연에 의해 발생한 개념 때문이라는 것이다.

'여실하다'는 말은 현상을 자의적으로 해석하지 않고 그대로 받아들이는 것을 이른다. 다만, 자의적으로 해석하지 않고 있는 그대로 받아들이는 것이 과연 가능한 것인가 하는 문제가 생긴다. 예를 들면, 하나의 현상을 바라볼 때 눈이 나쁜 이와 눈이 좋은 이가 다르게 받아들이게 되고, 가령 각막이 여러 개로 쪼개져 있는 곤충과 색맹인 동물이 받아들이는 세계가 엄연히 다르다는 것이다.

그렇다면 과연 우리가 보는 현상이 진실한 현상이며, 그 현상을 바라보는 인간의 인식만 옳다고 주장할 수 있느냐의 문제가 남는다. 모든 현상은 바라보는 업식(業識)에 따라 전혀 다른 세상이 된다는 것을 알 수가 있다.

하나의 현상도 사람들 각자 바라보고 받아들이는 입장에 따라 현상이 다를 뿐 아니라 다른 생명체가 바라보는 현상이 또한 다르다. 그렇다면 이 다른 현상을 어떻게 받아들이는 것이 여실하게 받아들이고 아는 것일까? 이 점이 바로 〈연기경〉에서 밝히는 핵심일 수 있다.

 그것은 일체 현상에 있어 규정되고 정해진 것이 없다는 것이다. 바라보고 업식에 영향을 받아 생각하는 주체에 따라 달라지는 것이다. 곧 일체의 현상이 연기성(緣起性)이라는 것이다. 정해진 진실한 현상이 따로 존재하는 것이 아닌 인연에 의해 발생한 현상이라는 것이다. 일체 현상이 이렇게 인연에 의해 생긴 것임을 알고, 보고, 받아들이는 것이 바로 여실하게 아는 것이 된다.

 둘째, '보는 것도 없고 현상을 살피는 것도 없다.' 고 무명(無明)을 설명하였다. '보는 것도 없다.' 이 말은 단순히 눈이 없다는 말보다는 봐도 볼 줄 모르는 것이라고 여겨야 할 것이다. 온갖 현상이 연기(緣起)의 결과이건만 보아도 그 이치를 모르니 보는 것도 없다고 하는 것이다. '현상을 살피는 것도 없다.' 고 무명(無明)을 설명하였다. 현상을 살핀다는 것은 현상을 바라볼 때 자신의 업식(業識)에 의한 입장만을 드러낸다는 말일 것이다. 그러니 타인의 입장이나, 타인에게 닥친 현상을 바라볼 리가 없다.

셋째, 무명(無明)의 결론으로 '우매하고 어리석어 밝음이 없고, 어둡다.' 고 설명하였다. 위의 두 가지 무명의 현상으로 인해 우매하고 어리석으니 지혜가 드러날 수가 없게 된 것을 일렀다.

云何爲行 行有三種 謂身行 語行
意行 是名爲行

(운하위행 행유삼종 위신행 어행 의행 시명위행)

"무엇을 행(行)이라고 하는가? 행(行)은 세 가지가 있으니, 몸으로 짓는 행(行)과, 말로 짓는 행(行)과, 마음(意)으로 짓는 행(行)이 있는데, 이것을 행(行)이라고 부르느니라."

12연기법에서 두 번째인 행(行)은 첫 번째 근본 원인인 무명(無明)에서 발생한 것임을 설명하였다.

행(行)은 행위를 의미하지만, 〈구사론〉의 설명은 '행(行)은 조작하고 만들어 내는 것'을 이른다. 생멸변화(生滅變化)하는 현상을 이르는 것이며, 현상세계와 존재하는 것들이 운용되는 현상을 이른다.

이곳 〈연기경〉에서 12연기의 첫째인 무명(無明)을 인연으로 하여 둘째로 행(行)이 생겼다고 하였는데, 몸으로 짓는 행과, 입으로 짓는 행과, 마음으로 짓는 행이 있다고 하여, 업을 일으키는 대표적인 행(行)으로서 신,구,의(身,口,意) 삼업(三業)을 들어 설명했다.

〈중아함경〉에 이르기를 '세존께서 비구들에게

이르시기를, 만약 업을 짓는 일이 있다면 내가 그것에 대해 반드시 보응을 받는다고 설하였나니, 혹 현세에 받고, 혹 내세에 받느니라. 만약 업을 짓지 않으면 내가 이것에 대해 반드시 보응을 받지 않는다고 설하였노라. 그 가운데 몸으로 짓는 세 가지 업이 있으니, 선하지 못함으로 더불어 괴로움의 열매가 맺혀 괴로움의 보응을 받느니라. 입으로는 네 가지 업이 있고, 뜻으로 짓는 네 가지 업이 있나니, 선하지 못함으로 더불어 괴로움의 열매가 맺혀 괴로움의 보응을 받느니라.(世尊告諸比丘 若有故作業 我說彼必受其報 或現世受 或後世受 若不故作業 我說此不必受報 於中 身故作三業 不善與苦果受於苦報 口有四業 意有三業 不善與苦果受於苦報)'고 하였다.

몸(身)으로 짓는 세 가지 업(業)은 첫째, 살생이

다. 둘째, 주지 않은 것을 갖는 것이다. 셋째, 삿
되며 음란한 행위라고 밝혔다.

입(口)으로 짓는 네 가지 업(業)은 첫째, 망언
(妄言)이다. 모르는 것을 안다고 하거나, 아는 것
을 모른다고 하거나, 보지 않은 것을 봤다고 하
거나, 본 것을 보지 않았다고 하는 것 등이다. 둘
째, 양설(兩說)이다. 사람들 사이에서 말을 달리
하며 편당을 짓는 것을 이른다. 셋째, 추언(麤言)
이다. 악한 소리를 하고 욕을 하는 등의 업(業)이
다. 넷째, 기어(綺語)다. 때가 아닌데 설법을 한
다든지, 부드럽고 속이는 말로 남을 꾀거나 속이
거나 악한 것을 사주하는 것 등의 업(業)이다.

뜻(意)으로 짓는 네 가지 업(業)이 있는데, 첫
째, 탐사(貪伺)의 업(業)이다. 자기 욕심을 채울
기회를 엿보며 욕심껏 가지려고 하는 것이다. 둘

째, 질에(嫉恚)의 업(業)이다. 남을 시기 질투하
여 남을 죽이거나 괴롭힐 것을 생각하는 것이다.
셋째, 사견(邪見)이다. 삿되고 뒤집힌(顚倒) 견
해를 일으켜 보시할 필요가 없다거나, 악한 업을
지어도 괴로움의 과보가 없다거나, 스스로 깨달
았다는 것 등의 견해를 일으키는 업(業) 등을 이
른다.

行緣識者 云何爲識 謂六識身 一
者眼識 二者耳識 三者鼻識 四者
舌識 五者身識 六者意識 是名爲
識

(행연식자 운하위식 위육식신 일자안식 이자이식 삼

자비식 사자설식 오자신식 육자의식 시명위식)

"행(行)을 인연으로 하여 식(識)이 생겼다고 하였나니, 무엇을 식(識)이라고 하는가. 신체를 통한 여섯 가지의 인식을 이르는 말로, 첫째 안식(眼識)이며, 둘째 이식(耳識)이며, 셋째 비식(鼻識)이며, 넷째 설식(舌識)이며, 다섯째 신식(身識)이며, 여섯째 의식(意識)이니 이것을 식(識)이라고 부르느니라."

12연기법에서 두 번째 행(行)을 인연으로 세 번째 식(識)이 생겼다고 하였다.

무명(無明)을 인연으로 생멸변화(生滅變化)하는 현상이 생겼는데, 그 생멸변화(生滅變化) 하는 현상인 행(行)의 구체적인 의식이 드러나는 것이 세 번째 식(識)이 되는 것이다.

식(識)은 6근(六根)인 안, 이, 비, 설, 신, 의(眼耳鼻舌身意)를 통해 여섯 가지의 인식작용이 생겼음을 의미한다. 이 육근에 의식작용이 이루어져 안식(眼識), 이식(耳識), 비식(鼻識), 설식(舌識), 신식(身識), 의식(意識)이라고 부르는 것이다.

다시 말하면, 사물을 보는데 있어 눈으로 보지만, 눈만 있어서 보는 것은 아니라는 얘기다. 눈은 보는 작용을 하는 중간 통로일 뿐이다. 눈이라는 통로를 통해 본다는 의식이 개입 되어야 비로소 본다는 현상이 생긴다는 것이다. 눈(眼)뿐만 아니라 귀, 코, 혀, 몸, 의식도 그러하다. 앞서 설명했듯이 의식도 접촉의 한 감각기관으로 인식작용을 한다. 마음의 움직임으로 인해 대상을 지각하기 때문이다.

이는 식(識)에 앞서 행(行)으로 인해 그 업(業)이 식(識)이 되어 깊이 각인된다는 말과도 상통한다. 악업뿐 아니라 선한 행위도 식(識)으로 깊이 각인되는 것은 당연하다 하겠다.

유식학(唯識學)을 참고하면, 육근(六根)을 통해 생성된 모든 의식(意識)은 제 8식(八識)이라고 불리는 '아뢰야식'에 저장 된다. '아뢰야식'은 의식의 창고이면서 무의식과도 통용되는 말이다. 이 아뢰야식에 저장된 모든 의식은 과거의 업식(業識)이면서 온갖 유전적 정보까지 포함된다. 또한 전생의 업식(業識)까지 포함된다. 이 아뢰야식에 저장된 업식(業識)은 현재의 어떤 현상이나 인연을 만나면 생각과 감정을 일으키게 만든다. 이 의식을 제 7식(七識)이라고 하며, 번뇌식(煩惱識) 또는 유루식(有漏識)이라고 부른다.

 유루(有漏)라는 말은 '번뇌가 있다' 는 말이다. 즉, 무명(無明)을 인연으로 하여 행(行)이 생기고, 행(行)을 인연으로 하여 육식(六識)과 칠식(七識)과 팔식(八識)을 포함하는 모든 식(識)이 발생했다는 말이다. 그러나, 행(行)에서 식(識)이 생겼다고 설명한 이 부분에서는 의식이 발생하는 근본인 육식(六識)만을 중점 설명한 것으로 보인다.

識緣名色者 云何爲名

(식연명색자 운하위명)

"식(識)을 인연으로 하여 명색(名色)이 생겼다고 하였는데, 무엇을 명(名)이라고 하는가?

12연기법에서 세 번째 식(識)을 인연으로 네 번째인 명색(名色)이 생겼다고 하였다.

명색(名色)은 오온(五蘊)인 색, 수, 상, 행, 식(色,受,想,行,識)을 이르는 다른 말이다. 여기서 뒤이어 명(名)과 색(色)을 나누어 설명하게 되는데, 명(名)이란 일체 물질적 현상인 색(色)을 제외한 수,상,행,식(受,想,行,識)을 이른다. 즉 일체 물질적 현상과 받아들이고, 생각하고, 행하고, 생각하는 정신적 작용을 통괄하여 명색(名色)이라고 한다. 이 명색(名色)은 자아를 이루는 요소이기도 하다.

무명(無明)에서 현상세계의 운용을 이르는 말로, 행(行)이 발생하고, 행(行)을 통해 일체의 식(識)이 발생하였음을 앞서 밝혔다. 이제 연기법(緣起法)에서 세 번째인 식(識)에서 드디어 네 번째인 명색(名色)이 발생하였다는 것은 의식(意識)을 통해 '나'라고 주장하며, '자아(自我)'라고 믿으며, '자성(自性)'이라고 믿는 것이 발생하였다는 말이다.

명색은 곧 '자아(自我)'를 이루는 마음작용의 총괄적 개념이다.

〈반야심경〉에 '반야바라밀다를 행할 때 오온(五蘊)이 공(空)함을 비추어 보고 일체의 고액(苦厄)을 건넜다.'라고 하였다. 다시 말하면 '반야바라밀다'는 피안으로 가는 절대적 지혜를 이르는 말이다. 이 말을 되짚어 보면 오온(五蘊)이 공성(空性)임을 아는 것이 바로 '반야바라밀다'의 수행이라는 말이 된다.

즉, '나'라고 여기는 그 자아가 무명(無明)에서

행(行)이 발생하고, 행(行)에서 식(識)이 발생하고, 식(識)에서 발생한 명색(名色)이라는 말이된다. 그 '자아(自我)'라고 여기며 애착하는 것이 연기(緣起)에 의해 발생한 공성(空性)인 존재라는 사실을 진실 되게 알 때, 그 오온(五蘊)에서발생하는 일체의 고통과 괴로움에서 벗어나 피안에 이르게 된다는 말이다.

우리가 '참마음'이라고 여기는 고유한 존재가따로 있는 게 아니라는 말이 된다. 일체가 다 연기성(緣起性)이기에 공(空)한 것이 된다. 자아,즉 자성(自性)은 '자성(自性)'이라는 것이 따로존재하지 않으면서 존재하는 것이 된다. 그 자성(自性)에 집착하고 애착하면서 일체의 고액(苦厄)도 발생하게 되며, 다시 괴로운 윤회를 겪게되는 것이다. 찰나에 일체 고액(苦厄)을 벗어나

기도 하며, 일체 괴로움에 윤회하기도 하는 이치
가 여기에 숨겨져 있다. 또한 이 가르침이 중도
(中道)의 핵심이 된다.

謂四無色蘊　一者受蘊 二者想蘊
三者行蘊 四者識蘊

(위사무색온 일자수온 이자상온 삼자행온 사자식온)

사무색온(四無色蘊)을 이르는 것이니라. 첫째 수온(受蘊)이며, 둘째 상온(想蘊)이며, 셋째 행온(行蘊)이며, 넷째 식온(識蘊)이다.

사무색온(四無色蘊)은 오온(五蘊)인 색, 수, 상, 행, 식(色,受,想,行,識) 다섯 가지에서 색(色)을 뺀 네 가지를 이르는 말이다.

오온(五蘊)은 집착과 고통을 갖게 하는 인간 존재의 5가지 요소를 이르는 말이다. 오온(五蘊)에서 색(色)을 뺀 사무색온(四無色蘊)을 자세히 설명하면 다음과 같다.

첫째, 수(受)는 받아들이는 감수작용(感受作用)을 이르는 말이다.

둘째, 상(想)은 감수작용을 통해 마음에 떠오르는 것을 이르는 말이다. 생각뿐만 아니라 어떤 모습까지 포괄하는 말이다.

셋째, 행(行)은 의지, 혹은 충동적 욕구에 해당되는 마음작용을 이른다. 잠재적 마음의 작용이

수(受)와 상(想)이라면 현상이 드러나는 마음의 작용까지 포함하는 작용을 이르는 말이다.

넷째, 식(識)은 인식작용이며, 식별작용이며, 구별작용이다. 마음작용 전반을 총괄하는 것으로 해석될 수 있다고 앞서 밝힌 바 있다.

즉 사무색온(四無色蘊)은 일체 물질적 현상인 색(色)을 통한 인간 내면의 작용을 이르는 말이다. 이 색(色)을 제외한 수, 상, 행, 식(受,想,行,識)을 일러 명(名)이라고 한다. 앞서 명색(名色)을 오온(五蘊)과 상통하는 말이라고 하였으며, 식(識)을 인연으로 하여 생겼다고 하였다.

〈대인연경〉에 이르기를 '아난다여, 식(識)이 명색(名色)에 확립됨을 얻지 못하였다면, 미래에 생(生), 노(老), 사(死), 고집(古集:괴로움이 모이는 현상)이 생긴다고 밝힐 수 있겠느냐.' 고

하였다. 곧 명색(名色)과 식(識)은 상호 인연 발
생의 관계이기도 함을 밝힌 것이다.

 명색(名色)을 인연으로 하여 식(識)이 생기는
것이기도 하다는 말이다. 오온(五蘊)인 색,수,상,
행,식(色,受,想,行,識)으로 인해 이뤄진 모든 정
보가 제8식인 아뢰야식에 저장되기 때문이다.
아뢰야식에 저장된 모든 식은 다시 오온(五蘊)
을 만들며, '자아'라고 여기는 생각을 다시 만들
기 때문이다.

133

云何爲色 謂諸所有色 一切四大
種 及四大種所造 此色前名總略
爲一 合名名色 是謂名色

(운하위색 위제소유색 일체사대종 급사대종소조 차
색전명총략위일 합명명색 시위명색)

무엇을 색(色)이라고 하는가. 모든 것은
색(色)을 지니고 있음을 이르는 것이니,
일체는 사대(四大)의 종류이며, 사대(四
大)의 종류로 만들어진 것이니, 이 색(色)
은 앞에서 명(名)을 총괄하고 간략하게
설명하는 첫째가 되는데, 명(名)을 합쳐
서 명색(名色)이며, 이것을 명색(名色)이
라고 하느니라."

사대(四大)의 종류를 한편 색(色)이라고 한다. 색(色)은 물질적 현상을 이르는 말이면서, 또한 4대(四大)라고 불리는 지,수,화,풍(地,水,火,風)의 형질을 갖는 것이다. 즉 일체 물질의 원소를 땅과, 물과, 불과, 바람으로 본 것이다. 이 4대(四大)로 이루어진 색(色)에 사무색온(四無色蘊)인 수,상,행,식(受,想,行,識)을 합쳐 명색(名色)이라 부르는 것이니, 즉 5온(五蘊)을 이르는 말이라고 앞서 밝혔다.

名色緣六處者 云何六處 謂六內
處 一眼內處 二耳內處 三鼻內處
四舌內處 五身內處 六意內處 是
謂六處

(명색연육처자 운하육처 위육내처 일안내처 이이내

처 삼비내처 사설내처 오신내처 육의내처 시위육처)

"명색(名色)을 인연으로 육처(六處)가 생겼다고 하였나니, 무엇을 육처(六處)라고 하는가. 육내처(六內處)를 이르는 것이니, 첫째 눈으로 받아들이는 곳이며, 둘째 귀로 받아들이는 곳이며, 셋째 코로 받아들이는 곳이며, 넷째 혀로 받아들이는 곳이며, 다섯째 몸으로 받아들이는 곳이며, 여섯째 의지로 받아들이는 곳이니, 이것을 육처(六處)라고 하느니라."

해설 24

12연기법의 네 번째인 명색(名色)을 인연으로 다섯 번째인 육처(六處)가 생겼다. 육처(六處)란 육내처(六內處)를 이르는 말이다.

일체의 인식작용은 안, 이, 비,설, 신, 의(眼,耳,鼻,舌,身,意)인 눈, 귀, 코, 혀, 몸, 의지를 통해 생기는데, 인식작용이 생기는 이 여섯 가지 통로를 일러 육처(六處)라고 한다는 것이다. 육처는 한편 탐욕의 잠재적 번뇌를 만들어내는 통로이기도 하다.

〈정견경(正見經)〉에는 이르기를 '실로 성스러운 제자가 육처(六處)를 알고, 육처의 일어남을 알고, 육처의 멸(滅)함을 알고, 육처의 멸(滅)로 이끄는 길을 안다. 벗들이여, 이 점에서 또한 실로 정법에 도달한 자가 된다. 라고 말한다. 또한 벗들이여! 무엇이 육처인가? 무엇이 육처의 일어남인가? 무엇이 육처의 멸함인가? 무엇이 육처의 멸로 이끄는 길인가? 벗들이여, 이 여섯 가지 처(處)들이 있다. 안처(安處), 이처(耳處), 비처(鼻處), 설처(舌處), 신처(身處), 의처(意處)다. 명색(名色)이 일어남으로부터 육처의 일어남이 있다. 명색(名色)의 멸(滅)로부터 육처의 멸(滅)이 있다. 이것이 실로 성스러운 여덟 가지 도(道)이니, 육처의 멸로 이끄는 길이다. ...중략... 그러므로 벗들이여! 실로 성스러운 제자가 이와 같이 육처를 알고, 이와 같이 육처의 일어남을 알고, 이와 같이 육처의 멸함을 알고, 이와 같이 육처의 멸로 이끄는 길을 안다. 그는 완전히 탐욕의 잠재적 번뇌를 단멸하고 ...중략... 정법에 도달한 자가 된다.' 라고 하였다.

참고로, 〈정견경(正見經)〉은 한역 경전이 없으며 '중앙승가대학교 불전국역연구원'에서 팔리어를 우리말로 번역해 놓은 단행본이 있다.

六處緣觸者 云何爲觸 謂六觸身
一者眼觸 二者耳觸 三者鼻觸 四
者舌觸 五者身觸 六者意觸 是名
爲觸

(육처연촉자 운하위촉 위육촉신 일자안촉 이자이촉

삼자비촉 사자설촉 오자신촉 육자의촉 시명위촉)

"육처(六處)를 인연으로 촉(觸)이 생겼다고 하였나니, 무엇을 촉(觸)이라고 하는가? 여섯 가지 촉신(觸身)을 이르는 것이니, 첫째 안촉(眼觸)이며, 둘째 이촉(耳觸)이며, 셋째 비촉(鼻觸)이며, 넷째 설촉(舌觸)이며, 다섯째 신촉(身觸)이며, 여섯째 의촉(意觸)인데 이것을 촉(觸)이라고 부르느니라."

12연기법의 다섯 번째인 육처(六處)를 인연으로 여섯 번째인 촉(觸)이 생겼다.

인식은 육처(六處)인 안, 이, 비, 설, 신, 의(眼, 耳, 鼻, 舌, 身, 意)를 통해 대상을 감촉하게 되고 그것을 받아들이게 되는데, 그 일체 현상을 감촉하는 작용을 촉(觸)이라고 한다. 촉(觸)은 다른 말로 '부딪힘' 이라고 해석할 수 있다. 육처(六處)인 안, 이, 비, 설, 신, 의(眼, 耳, 鼻, 舌, 身, 意)를 통해 인식이 현상에 부딪힌다는 말이다.

〈대인연경(大因緣經)〉에 이르기를 '아난다여! 이것은 이런 이유에 의해, 명색연(名色緣)으로부터 촉(觸)이 있는 것 같이 이렇게 알아야 한다. 아난다여! 명신(名身)은 각각의 상태(狀態)들, 각각의 특상(特相)들, 각각의 표식(標識)들, 각각의 총설(總說)들에 의해 시설(施設) 된다. 그러나 그 각각의 상태(狀態)들, 각각의 특상(特

相)들, 각각의 표식(標識)들, 각각의 총설(總說)들이 존재하지 않을 때, 그렇다면 색신(色身)에 부딪힘(有對)의 접촉은 밝힐 수 있겠는가? 라고. 존자시여! 실로 이것은 없습니다.' 라고 하였다.

〈대인연경〉에는 명색(名色)을 인연으로 하여 촉(觸)이 생겼다고 하였는데, 〈연기경(緣起經)〉에서는 명색(名色)을 인연으로 하여 육처(六處)가 생기고, 육처(六處)에서 촉(觸)이 생겼다고 하였으니, 이 점이 좀 다르다.

〈대인연경〉에서는 촉(觸)이 육처(六處)의 작용으로 봐서 같은 개념으로 설명했을 가능성이 있다. 여기서 명신(名身 nāma-kāyassa)은 '정신과 신체' 또는 '명칭과 형태'를 이르며, 불교 일반에서는 '정신과 신체'를 가리킨다. 색신(色身 rūpa-kāye)은 '물질적인 신체'를 의미하며, 지

(地), 수(水), 화(火), 풍(風), 공(空) 등의 물질적 요소로 만들어져 있는 '육신', '육체', '신체', '현실적 신체'를 가리키는 말인데, 명신(名身)은 색신(色身)의 반대개념이다.

〈정견경(正見經)〉에 이르기를 '무엇이 접촉인가? 무엇이 접촉의 일어남인가? 무엇이 접촉의 멸함인가? 무엇이 접촉의 멸로 이끄는 길인가? 이 여섯 가지 접촉의 무리들이 있다. 눈의 접촉, 귀의 접촉, 코의 접촉, 혀의 접촉, 몸의 접촉, 의식의 접촉이다. 이 육처(六處)의 일어남으로부터 접촉의 일어남이 있다. 육처의 멸(滅)로부터 접촉의 멸(滅)이 있다. 이것이 실로 여덟 가지 도(道)며, 접촉의 멸로 이끄는 길이다.' 라고 하였다.

또한, 의식의 접촉을 이르는 의촉(意觸)이 눈,

귀, 코, 혀, 몸(眼,耳,鼻,舌,身)을 통해 사물에 접촉하는 의식작용이다. 의식작용이 없이 일체 현상을 받아들일 수 없기 때문이다.

받아들이는 것을 수(受)라고 하는데, 이런 접촉하려는 의촉(意觸)에 의해 받아들이는 수(受)의 작용이 일어난다. 의(意)는 의식(意識)이자 일체 세간의 고통을 발생시키는 근원이 되기도 한다.

〈불설의경(佛說意經)〉에 이르기를, '이곳의 비구들이여! 의식한다는 것 때문에 세간에 끌려가나니, 의식 때문에 고통을 받느니라. 의식이 생기고 의식에 이미 따라가는 것이 생긴 것이다. 비구여! 세간에 끌려가면 괴로움을 받나니, 이미 생겼다면 이미 따라 들어가는 것이 생겼느니라. 비구여! 거룩한 제자는 집착하는 바가 없어야 하나니, 거기에 끌려 거기에 가므로 그것이 이미

생겼고, 이미 생긴 즉 좇아가는 것이니라. 이곳
의 비구들이여! 거룩한 제자 아라한은 능히 스스
로 의식을 제어하여 자신의 의식을 따라가지 않
느니라. (此比丘 以意故世間牽 以意故受於苦 生
意生意已入隨從 比丘 而令世間牽 受於苦 生已
生已入隨從 比丘 聖弟子無所著 以彼牽 以彼去
彼生已生已則隨從 此比丘 聖弟子阿羅漢 能自御
意 不自隨意)'고 하였다.

觸緣受者 云何爲受 受有三種 謂
樂受 苦受 不苦不樂受 是名爲受

(촉연수자 운하위수 수유삼종 위락수 고수 불고불락

수 시명위수)

"촉(觸)을 인연으로 수(受)가 생겼다고
하였나니, 무엇을 수(受)라고 하는가? 수
(受)에는 세 종류가 있으니. 낙수(樂受)와
고수(苦受)와 불고불락수(不苦不樂受)를
이르는데, 이것을 수(受)라고 부르느니
라."

해설 26

12연기법의 여섯 번째인 촉(觸)을 인연으로 하여 일곱 번째인 수(受)가 생기게 되는데, 수(受)에는 세 가지 현상이 있음을 밝혔다.

현상을 촉(觸)을 통해 받아들이되 즐거운 것으로 받아들이게 되는 낙수(樂受)가 있고, 촉(觸)을 통해 괴로움으로 받아들이게 되는 고수(苦受)가 있으며, 즐거움도 아니며 괴로움도 아닌 현상으로 받아들이게 되는 불고불락수(不苦不樂受)가 있다.

이 세 가지로 받아들이는 작용을 일러 수(受)라고 통칭한다는 것이다. 다시 말하면 눈,귀,코.혀.몸,의식(眼,耳,鼻,舌,身,意)을 통한 육촉(六觸)에 의해 받아들이는 수(受)의 작용이 생긴 것이다. 때문에 사물을 분간하고, 그 사물에 가지가지 의미와 해석을 가하게 되는 것이다.

즐겁다는 생각과 괴롭다는 생각과 즐거움도 괴로움도 아닌 생각을 일으킨다는 것이다. 또한 이런 생각을 일으키는 작용을 자아(自我)ㅣ고 여긴다는 것이다.

 〈대인연경(大因緣經)〉에 이르기를, ' 다여! 그 중에서 "수(受)는 나의 자아(自我)ㅇ "라고 말하는 자에게는 이와 같이 말하지 않ㅇ 안 된다. "벗이여! 실로, 이러한 세 가지 수 가 있다. 낙수(樂受), 고수(苦受), 불고불락(不苦不樂)이다. 그대는 이 세 가지 수(受) 중에서 어떤 자아를 관찰하는가?'라고.' 하였다.

 이어서, 경에 설명하기를 즐거움을 느낄 때 괴로움을 느끼지 못하고, 괴로움을 느낄 때 즐거움을 느끼지 못하며, 괴로움도 즐거움도 느끼지 못하는 불고불락(不苦不樂)일 때 즐거움과 괴로움도 느끼지 못한다는 것이다.

〈대인연경(大因緣經)〉에 이르기를, '아난다여! 실로 낙수(樂受)도 또한 무상한 것이며, 합성된 것이며, 인연에 의해 일어난 것이며, 소멸법(消滅法)이고, 쇠멸법(衰滅法)이고, 이탐법(離貪法)이고, 멸진법(滅盡法)이다. 아난다여! 실로 고수(苦受)도 또한 무상한 것이며, ...중략(상동).... 아난다여! 실로 불고불락수(不苦不樂受)도 또한 무상한 것이며, ...중략(상동)... 그러므로 아난다여! 여기서 이것에 의해 또한 "수(受)는 나의 자아이다."라고 이와 같이 관찰하는 것은 적합하지 못하다.' 라고 하였다.

즉 일체가 인연에 의해 생겼다가 인연에 의해 사라지며, 촉(觸)을 통해 받아들인 현상이므로 거기에 자아(自我)라고 할 것이 없다는 말이 된다. 그렇다면 수(受)는 나의 자아가 아니라고 말할 수 있는가? 하는 의문이 여기서 제기된다.

예를 들어, "나의 자아는 느끼지 못하는 것이다."라고 말한다면 어떻게 될 것인가? 또한 "어디에도 느껴지지 않는 곳에 내가 있다."라고 한다면 어떻게 될까? 여기에 대해서 부처님은 〈대인연경(大因緣經)〉을 통해 단호하게 말씀하셨다. '따라서 실로 아난다여! 비구는 실로 수(受)를 자아(自我)로 관찰하지 않으며, 자아(自我)를 느끼지 않는다고도 관찰하지 않으며, "나의 자아는 느낀다. 왜냐하면 나의 자아는 느끼는 성질을 가졌기 때문이다."라고도 관찰하지 않는다. 이와 같이 관찰하지 않는 그는 세간의 어떠한 것에도 집착하지 않는다. 집착하지 않기 때문에 두려움이 없고, 두려움이 없기 때문에 실로 각자 열반에 든다.' 라고 하였다.

이 말씀은 자아(自我)라는 것이 있느냐 없느냐 하는 문제 자체와 자아라는 것은 받아들이고 느끼는 것인지, 받아들이고 느끼지 않는 어떤 것인지 조차에도 집착하지 않는다는 의미가 된다. 자아가 '있느냐 없느냐.' 또는 '느끼는 것이냐 느끼는 것이 아니냐.' 하는 그 양 극단 사이의 인식 자체가 이미 '자아(自我)' 라는 망념(妄念)에 빠져 있는 것이고 '자아(自我)' 라는 개념에 집착해 있는 것이기 때문이다.

受緣愛者 云何爲愛 愛有三種 謂
欲愛 色愛 無色愛 是名爲愛

(수연애자 운하위애 애유삼종 위욕애 색애 무색애 시

명위애)

"수(受)를 인연으로 애(愛)가 생겼다고 하였나니, 무엇을 애(愛)라고 하는가. 애(愛)에는 세 종류가 있으니, 욕애(欲愛)와 색애(色愛)와 무색애(無色愛)를 이르는데, 이것을 애(愛)라고 부르느니라."

12연기법의 일곱 번째인 수(受)를 통해 여덟 번째인 애(愛)가 생겼다.

애(愛)에는 세 가지가 있는데, 욕애(欲愛)와 색애(色愛)와 무색애(無色愛)를 이른다. 첫째, 욕애(欲愛)는 여섯 가지의 감각기관인 눈, 귀, 코, 혀, 몸, 의식을 통해 집착하며 애착하는 현상을 이르는데, 대표적인 욕애(欲愛)로 오욕(五慾)이 있다. 또한 오욕(五慾)은 식욕(食慾), 색욕(色慾), 수면욕(睡眠慾), 재욕(財慾), 명예욕(名譽慾)의 다섯 가지를 이른다.

여기서, 경전 원문 가운데 두 번째 색욕(色慾)은 음란함을 이르는 말이 아니라, 근본적으로는 일체 물질적 현상에 대한 애착을 이르는 말이다. 우리가 살고 있는 물질적 세계인 색계(色界)에 대한 애착을 두고 한 말이다.

세 번째, 무색애(無色愛)는 물질적 현상이 아닌 정신적 현상만 있는 세계인 무색계(無色界)에 대한 애착심을 이른다. 수(受)를 인연으로 하여 생긴 애(愛)는 결국 애착심이며, 다른 말로 갈애 (渴愛)라고 한다. 애욕(愛慾)에 목말라 하는 것을 이르는 말이다.

〈대인연경〉에 이르기를, '이상과 같이 실로 아난다여! 수(受)에 의해 갈애(渴愛)가, 갈애(渴愛)에 의해 욕구(欲求)가, 욕구(欲求)에 의해 획득 (獲得)이, 획득(獲得)에 의해 결정(決定)이, 결정 (決定)에 의해 욕탐(欲貪)이, 욕탐(欲貪)에 의해 집착(執着)이, 집착(執着)에 의해 소유(所有)가, 소유(所有)에 의해 인색(吝嗇)함이, 인색(吝嗇)에 의해 보호(保護)가, 보호(保護) 때문에 몽둥이를 잡고, 칼을 잡고, 싸우고, 말다툼을 하고, 논쟁하고, 비방하고, 중상모략하고, 거짓말들을 하는, 많은 나쁜 불선법(不善法)들이 생겨났다.
...중략... 혹은 아난다여! 만약에 보호(保護)가
어떤 상태에 의해서도, 어떠한 모습에 의해서도,
누군가에게도, 어떤 것들에서도 실로 이루어지
지 않는다면, 보호(保護)의 소멸로부터 보호 때
문에 몽둥이를 잡고, 칼을 잡고, 싸우고, 말다툼
하고, 논쟁하고, 비방하고, 중상모략하고, 거짓
말들을 하는, 많은 불선법(不善法)들이 생겨날
수 있겠는가? 존자시여! 실로 이것은 없습니다.'
고 하였다.

여기서 다시 알 수 있는 것은 일체의 인연 현상
은 그 인연의 원인이 없으면 사라진다는 것이다.
즉 불선법(不善法)이 없으려면 단순히 불선법
(不善法)을 하지 않는 것보다 그 인연의 원인을
없애야 한다는 말이다. 이것이 연기법(緣起法)
이며, 이것이 인연(因緣)이다. 결국 수(受)를 통

해 애(愛)가 생겼다는 것은 애(愛)를 통해 일체 불선법(不善法)이 발생한다는 말이 된다.

 그렇다면 불선법(不善法)의 반대 개념인 선법(善法)은 어떤 개념일까. 여기에 대해서는 〈정견경(正見經)〉에서 간단명료하게 밝히고 있는데, '그리고 벗들이여! 무엇이 선의 근원인가? 탐냄 없음이 선의 근원이다. 성냄 없음이 선의 근원이다. 어리석음 없음이 선의 근원이다. 벗들이여! 이것을 선의 근원이라 부른다.' 라고 하였다.

愛緣取者 云何爲取 謂四取 一者
欲取 二者見取 三者戒禁取 四者
我語取 是名爲取

(애연취자 운하위취 위사취 일자욕취 이자견취 삼자

계금취 사자아어취 시명위취)

"애(愛)를 인연으로 취(取)가 생겼다고
하였나니, 무엇을 취(取)라고 하는가? 네
가지 취(取)를 이르는 것이니, 첫째 욕취
(欲取)이며, 둘째 견취(見取)이며, 셋째
계금취(戒禁取)이며, 넷째 아어취(我語
取)이니 이것을 취(取)라고 부르느니라."

해설 28

12연기법의 여덟 번째인 애(愛)를 인연으로 하여 아홉 번째인 취(取)가 생겼다. 취(取)는 무엇인가 갖고자 하는 것을 의미하는데 감각기관을 통해 지각하는 것까지를 이르는 말이다. 상황이 진행되는 것을 의미하며, 현상이 나타나는 것을 의미한다.

취(取)의 현상은 네 가지가 있는데, 첫째 욕취(欲取)다. 욕취는 욕망으로 향하는 망령된 집착을 이른다. 둘째 견취(見取)이다. 견취(見取)는 저열하고 잘못된 견해에 집착하고, 이런 것을 뛰어나고 질실한 견해라고 집착하여 철학적 견해를 세우는 집착심이다. 여기서 견(見)은 견해나 세계관을 의미한다. 셋째는 계금취(戒禁取)이다. 계금취(戒禁取)는 올바르지 않은 계율이나 금지해야 할 규정을 만들어 열반으로 이끄는 올바른 길이라고 생각하며 그것을 받드는 것이다.

또한 외도의 가르침에 집착하는 견해를 일컫는다. 넷째 아어취(我語取)이다. 아어취(我語取)는 '내(我)가 있다.' 는 논설을 취하는 것이다.

취(取)는 집착심이며, '나라는 것이 존재한다.' 는 집착이며, '내가 소유한다.' 는 생각이다. 다시 말하면, 일체에 애욕심(愛慾心) 때문에 집착이 생기고, 집착심으로 인해 소유함이 생긴다는 말이다. 소유하려는 의식은 끊임없는 집착을 다시 유발하게 된다. 이것을 일러 우리는 욕망(慾望)이라고도 한다.

이러한 욕망은 일체의 현상을 자의(自意)로 받아들이며, 해석하며, 조종한다. 그런 까닭에 그릇된 견해를 내세우며, 자신을 변명하기에 이른다. 자신의 욕망에 의한, 또한 자신에 대한 애착심을 변명하기 위한 수단으로 잘못된 견해를 주장하며, 내세우게 되는 것이다. 이런 현상은 다시 자신의 아상(我相)을 더욱 공고히 만들어 '내가 있다.'라는 고정관념을 더욱 확고히 만든다. 결국 자신에 지나치게 집착하는 현상으로 인해 자신과 남을 분리하며, 남을 이해하기 보다는 배척하며, 남과 내가 다르지 않음을 인정하지 못하고 결국 스스로를 불선법(不善法)으로 파괴하기에 이르는 것이다. 불선법(不善法)은 스스로에게 갖가지 번뇌를 초래하며 영영 악취(惡趣)로 흘러가게 한다.

169

取緣有者 云何爲有 有有三種 謂
欲有 色有 無色有 是名爲有

(취연유자 운하위유 유유삼종 위욕유 색유 무색유 시
명위유)

"취(取)를 인연하여 유(有)가 생겼다고 하였나니, 무엇을 유(有)라고 하는가. 유(有)에는 세 종류가 있으니, 욕유(欲有)와 색유(色有)와 무색유(無色有)를 이르는데, 이것을 유(有)라고 부르느니라."

12연기법에서 아홉 번째인 취(取)를 인연으로 하여 열 번째인 유(有)가 생겼다고 하였다.

유(有)는 무(無)나 공(空)의 반대 개념이며, 산스크리트어 '바와띠(bhavati)'인데 일반 용례로 '~이 된다.'라는 의미다. 범어가 중국어로 한역될 때 구마라습에 의해 이 말이 대부분 유(有)로 번역 되었다. 또한 '성립되다.' 또는 '없는 것을 있다고 간주하는 것.' 등의 의미를 가지고 있다. 또한 일체의 근본을 가리켜 유(有)라고 하며, 가지거나 있는 것을 이른다.

본문에 '유(有)에는 세 종류가 있으니, 욕유(欲有)와 색유(色有)와 무색유(無色有)'라고 하였다. 이것을 삼종유(三種有)라고 한다.

〈대지도론(大智度論)〉에 이르기를 '삼종유(三種有)는 욕유(欲有), 색유(色有), 무색유(無色

172

有)인데 무엇을 욕유(欲有)라 하는가? 욕계의 업에 얽매여 인연을 취하였기 때문이며, 후세에 태어나게 하는데, 역시 이것도 업의 과보를 따르게 되어, 이것을 욕유(欲有)라고 부른다. 색유(色有)와 무색유(無色有) 역시 이와 같나니 낱낱의 명칭이 있는 것을 유(有)라고 한다.(三種有 欲有 色有 無色有 云何欲有 欲界繫業取因緣 後世能生 亦是業報 是名欲有 色有 無色有亦如是 是名爲 有)'고 하였다.

즉, 〈대지도론〉의 말에 따르면 욕계(欲界)의 업(業)에 얽매이는 것은 욕유(欲有)이며, 색계(色界)의 업에 얽매이는 것을 색유(色有)라 하며, 무색계(無色界)의 업에 얽매이는 것을 무색유(無色有)라고 한다는 해석이 된다. 결국 유(有)라는 것은 업(業)에 대한 과보(果報)의 실체이며, 존재가 되는 것이다.

173

〈정견경(正見經)〉에 이르기를, '그러므로 벗들이여! 실로 성스러운 제자가 존재(有)를 알고 존재의 일어남을 알고 존재의 멸(滅)함을 알고 존재의 멸(滅)로 이끄는 길을 안다. ...중략... 무엇이 존재인가? 무엇이 존재의 일어남인가? 무엇이 존재의 멸함인가? 무엇이 존재의 멸(滅)로 이끄는 길인가? 벗들이요! 이 세 가지 존재들이 있다. 욕유(欲有), 색유(色有), 무색유(無色有)다. 취(取)의 일어남으로부터 존재의 일어남이 있다. 취(取)의 멸(滅)로부터 존재(有)의 멸(滅)함이 있다.' 라고 하였다.

有緣生者 云何爲生 謂彼彼有情
於彼彼有情類 諸生等生趣 起出
現蘊 得界 得處 得諸蘊 生起 命
根出現 是名爲生

(유연생자 운하위생 위피피유정 어피피유정류 제생

등생취 기출현온 득계 득처 득제온 생기 명근출현 시

명위생)

"유(有)를 인연으로 생(生)이 생겼다고 하였나니, 무엇을 생(生)이라 하는가? 가지가지 중생들을 이르는 것이니, 가지가지 중생들의 종류가 모두 태어나면서 다 같이 태어나는 데 달려가며, 일으키고 출현하며 쌓였으며, 계(界)를 얻고, 처(處)를 얻으며, 모든 온(蘊)을 얻으며, 태어남을 일으키며, 생명의 근원을 출현시키나니, 이것을 생(生)이라고 부르느니라."

해설 30

　12연기법에서 열 번째인 유(有)를 인연으로 하여 열한 번째인 생(生)이 생겼다고 하였다.

　생(生)의 사전적 의미는 '생성되는 것', '생기(生起)하는 것'을 이른다. 또는 '모여서 생기다.', '여러 요소가 집합하여 나타나는 것'을 이르는데, 출생과 태어나는 것을 이르는 말이다. 불교에서는 미혹하여 중생이 네 가지로 태어나는 현상이 있다고 설명하였는데, 중생은 태,란,습,화(胎,卵,濕,化)의 태어남이 있다고 하였다.

　모태로부터 태어나는 태생(胎生)이 있으며, 알에서 태어나는 난생(卵生)이 있으며, 습기 속에서 태어나는 습생(濕生)이 있으며, 과거의 업력에 의해 천인(天人)이나 지옥에 태어나는 화생(化生)이 있다.

　또한 본문에서 설명하기를 생(生)이 있음으로

178

하여, '계(界)를 얻고, 처(處)를 얻으며, 모든 온(蘊)을 얻으며, 태어남을 일으키며, 생명의 근원을 출현시킨다.' 라고 하였다.

첫째, 생(生)이 있으므로 계(界)를 얻는다고 하였는데, 계(界)는 십팔계(十八界)를 이르는 말이다. 인간 존재의 18 가지 구성 요소를 이른다. 곧, 육근(六根;眼(눈),耳(귀),鼻(코),舌(혀),身(몸),意(의식))과 육근이 접촉하는 대상의 세계인 육경(六境)과 육근(六根)이 만나 일으키는 인식인 육식(六識)을 포함하여 십팔계(十八界)라고 한다. 쉽게 말한다면, 1) 눈과 색의 형태와 시각, 2) 귀와 음성과 청각, 3) 코와 향기와 취각, 4) 혀와 맛과 미각, 5) 피부와 닿는 것과 촉각, 6) 마음과 생각의 대상과 마음의 식별작용을 이른다.

둘째, 생(生)이 있으므로 처(處)를 얻는다고 하

였는데, 처(處)는 살아가는 장소를 이르는 말이다. 또는 삼계(三界)인 욕계(欲界), 색계(色界), 무색계(無色界)를 이르는 말이기도 한다.

〈구사론〉에서는 '마음과 마음의 작용이 생기는 문'이라는 의미인 12처(十二處)를 이르기도 한다. 12처(十二處)는 곧 인식의 기관인 육근(六根)인 눈, 귀, 코, 혀, 몸, 의식과 육근(六根)의 대상으로서의 육경(六境)인 색(色), 성(聲), 향(香), 미(味), 촉(觸), 법(法)을 합한 것이다. 여기 육경(六境)에서의 법(法)은 생각과 사고의 대상이 되는 모든 것을 통칭하는 말이다. 존재하는 사물과 구체적이며 개별적인 존재와 대상을 포함하는 말이다.

셋째, 생(生)이 있으므로 모든 온(蘊)을 얻었다고 하였는데, 온(蘊)은 '쌓여서 모여진 것'이라는 의미를 가진다. 즉 인간존재를 구성하는 요소이며, 인간 존재 그 자체의 형태를 다섯 개의 면으로 보아 오온(五蘊)이라고 한다. 오온(五蘊)의 구역(舊譯)은 오음(五陰)이다. 같은 말이다. 오온(五蘊)은 색(色), 수(受), 상(想), 행(行), 식(識)을 이르는 말이며, 앞서 자세히 설명한 것이 있어 여기서는 생략하기로 한다.

넷째, 생(生)이 있으므로 '태어남을 일으킨다는 것'과 다섯째, '생명의 근원을 출현시킨다.'는 것은 생(生)이 있으므로 태어남을 일으키고, 태어남을 일으키는 생명의 근원을 다시 출현시키며 유전한다는 말이다.

〈중아함경(中阿含經)〉에는 이에 생(生)에 대해 좀 더 자세히 설명되어 있다. '생(生)이라는 것은 중생들을 이르는 것이니, 각각의 중생들이 종류대로 태어나서 태어나고, 출현하여 출현하고, 이루어져서 이루어지나니, 오음(五陰)을 일으켜서 이미 생명의 근원을 얻었다. 이것을 생(生)이라고 부르느니라. 제현들이여, 태어나는 고통이라는 것은 중생들이 태어날 때에 몸으로 고수(苦受)를 받나니 두루 받고, 알되 두루 아느니라. 마음으로 고수(苦受)를 받되 두루 받고, 알되 두루 아느니라. 몸과 마음으로 고수(苦受)를 받되 두루 받고, 알되 두루 아느니라. 몸으로 열수(熱受)를 받되 두루 받고, 알되 두루 아느니라. 마음으로 열수(熱受)를 받되 두루 받고, 알되 두루 아느니라. 몸과 마음으로 열수(熱受)를 받되 두루 받고, 알되 두루 아느니라. 몸이 뜨겁고, 번뇌로우며, 근심하며, 수척해짐을 받는데, 두루 받으며, 알되 두루 아느니라. 마음이 뜨겁고, 번뇌로우며, 근심하며, 수척해짐을 받는데, 두루 받고,

알되 두루 아느니라. 몸과 마음이 뜨겁고, 번뇌로우며, 근심하며, 수척해짐을 받는데, 두루 받고, 알되 두루 아느니라. 제현들이여, 태어나는 고통을 설함은 이런 인연으로 하여 설한 것이니라.(生者 謂彼衆生 彼彼衆生種類 生則生 出則出 成則成 興起五陰 已得命根 是名爲生 諸賢 生苦者 謂衆生生時 身受苦受 遍受 覺 遍覺 心受苦受 遍受 覺 遍覺 身心受苦受 遍受 覺 遍覺 身熱受 遍受 覺 遍覺心熱受 遍受 覺 遍覺 身心熱受 遍受 覺 遍覺 身壯熱煩惱憂慼受 遍受 覺 遍覺 心壯熱 煩惱憂慼受 遍受 覺 遍覺 身心壯熱煩惱憂慼受 遍受 覺 遍覺 諸賢 說生苦者 因此故說)'라고 하였다.

 또한 생(生)의 인연이 되는 유(有)와 생(生)을 인연으로 생긴 노사(老死)의 관계에 대해서도〈중아함경(中阿含經)〉에 설명되어 있는데, 이러하다. '아난아, 이렇기 때문에 마땅히 노사(老死)의 원인과, 노사(老死)의 되풀이(익힘과)와, 노사(老死)의 근본과, 노사(老死)의 인연을 알아야 하느니라. 이것은 생(生)을 이르는 것이니, 어째서 그런가 하면, 생(生)을 인연으로 하여 노사(老死)가 있기 때문이니라. 아난아, 유(有)를 인연으로 생(生)이 있다. 이것은 유(有)를 인연으로 생(生)이 있다는 설명이니, 마땅히 유(有)를 인연으로 생(生)이 있다고 이른 것을 알아야 하느니라. 아난아, 만약에 유(有)가 없으면, 어류와 어류의 종류와, 조류와 조류의 종류와, 모기와 모기의 종류와, 용과 용의 종류와, 신과 신의 종류와, 귀신과 귀신의 종류와, 하늘과 하늘의 종류와, 사람과 사람의 종류와, 아난아, 가지가지 중생이 가지가지 장소를 따라 유(有)가 없다면, 각각 있을 수가 없느니라. 만약 유(有)를 여의었다면, 응당 생(生)이 있겠느냐? 대답하기를, 없습니다.(阿難 是故當知是老死因 老死習 老死本 老死緣者 謂此生也 所以者何 緣生故則有老死 阿難 緣有有生者 此說緣有有生 當知所謂緣有有 生 阿難 若無有 魚 魚種 鳥 鳥種 蚊 蚊種 龍 龍種 神 神種 鬼 鬼種 天 天種 人 人種 阿難 彼彼衆生 隨彼彼處無有 各各無有者 設使離有 當有生耶 答曰 無也)' 라고 하였다.

生緣老死者 云何爲老 謂髮衰變
皮膚緩皺 衰熟損壞 身脊傴曲黑
黶間身 喘息奔急 形貌僂前 憑據
策杖 惛昧羸劣 損減衰退 諸根耄
熟 功用破壞 諸行朽故 其形腐敗
是名爲老 云何爲死 謂彼彼有情
從彼彼有情類 終盡壞沒 捨壽捨
煖 命根謝滅 棄捨諸蘊 死時運盡
是名爲死 此死前老總略爲一 合
名老死 如是名爲緣起差別義

(생연노사자 운하위노 위발쇠변 피부완추 쇠숙손괴
신척구곡흑염간신 천식분급 형모누전 빙거책장 혼매
리열 손감쇠퇴 제근모숙 공용파괴 제행후고 기형부
패 시명위노 운하위사 위피피유정 종피피유정류 종
진괴몰 사수사난 명근사멸 기사제온 사시운진 시명
위사 차사전노총략위일 합명노사 여시명위연기차별
의)

"생(生)을 인연으로 노사(老死)가 생겼다고 하였나니, 무엇을 노(老)라고 하는가? 털이 빠지고 변색 되며, 피부가 늘어나고 쭈그러지며, 쇠하고 물러지며 없어지고 무너지며, 신체의 척추가 둥글게 구부러지고 몸에 검은 반점이 생기며, 기침과 호흡이 급해지며, 형체와 모양이 앞으로 구부러지며, 지팡이에 의지해야 되며, 정신이 혼미하고 어리석으며 여위고 나약하며, 없어지고 사라지며 쇠퇴학고, 모든 근원이 늙어빠지고 물러지며, 기능이 파괴되고, 모든 현상이 썩으며, 그 형체가 부패하는 것을 이르는 말이니, 이것을 노(老)라고 부르느니라. 무엇을 사(死)라고 하는가? 가지가지 중생들이 가지가지 중생들의 종류대로 끝내 다 무너지고 사라지며, 목숨을 잃고 온기도 잃으며, 생명의 근원을 떠나고 없어지며, 모든 쌓은 것을 다 버리게 되며, 죽을 때 움직임도 다하는 것을 이르는 것이니, 이것을 사(死)라고 부르느니라. 여기서 죽기 전에 늙는 것까지 총체적으로 간략히 하여 하나로 하였으니, 합해서 노사(老死)라고 부르며, 이와 같은 것을 연기차별의(緣起差別義)라고 부르느니라."

　12연기법에서 열한 번째인 생(生)을 인연으로
하여 열두 번째인 노사(老死)가 생겼다고 하였
다. 노사(老死)는 12연기법의 마지막 순서다. 본
문에서는 노사(老死)에 대해서는 연기법에 의해
생겨난 다른 개념들 보다 노(老)와 사(死)로 나
누어 자세히 설명을 했다.

　노(老)라는 것은 늙고 쇠약해지는 현상을 이르
는 말이다. 본문에 이르기를 '털이 빠지고 변색
되며, 피부가 늘어나고 쭈그러지며, 쇠하고 물러
지며 없어지고 무너지며, 신체의 척추가 둥글게
구부러지고 몸에 검은 반점이 생기며, 기침과 호
흡이 급해지며, 형체와 모양이 앞으로 구부러지
며, 지팡이에 의지해야 되며, 정신이 혼미하고
어리석으며 여위고 나약하며, 없어지고 사라지
며 쇠퇴학고, 모든 근원이 늙어빠지고 물러지며,
기능이 파괴되고, 모든 현상이 썩으며, 그 형체

가 부패하는 것' 이라고 늙음에 대해 정리를 해
주었다.

 이런 늙음의 현상이 어찌 비단 사람의 일이겠
는가. 온갖 땅에 사는 짐승과 하늘을 나는 조류
와, 물속에 사는 수중 생물에 이르기까지 모든
생명들이 태어났으면 반드시 늙음이라는 관문
을 거치게 되는 것이다. 또한 어찌 생명이 있는
유정물(有情物)만 늙음이 있겠는가. 나무나, 돌,
쇳덩어리 등등의 무정물(無情物)에 이르기까지
도 그 기능이 다하거나, 형체가 무너지는 것 등
의 늙음이라는 현상은 찾아오기 마련일 것이다.
그리고 보면 늙음은 만물이 임시로 하나의 형체
와 현상을 드러내다가 인연이 다하여 소멸로 가
는 필연의 과정이다.

 한편, 사(死)라는 것은 본문에 설명하기를 '가

지가지 중생들이 가지가지 중생들의 종류대로 끝내 다 무너지고 사라지며, 목숨을 잃고 온기도 잃으며, 생명의 근원을 떠나고 없어지며, 모든 쌓은 것을 다 버리게 되며, 죽을 때 움직임도 다 하는 것'이라고 했다.

〈중아함경〉에 노사(老死)에 대해 이르기를 '아난아, 만약 노사(老死)의 인연이 있느냐고 묻는 사람이 있다면, 응당 이렇게 대답하되, 노사(老死)의 인연이 있다고 하라. 만약 노사(老死)가 무슨 인연으로 있냐고 묻는다면, 응당 이와 같이 대답하되, 생(生)이 인연이라고 하라. 아난아, 만약 생(生)이 인연으로 있는 것이냐고 묻거든, 응당 이와 같이 대답하되, 생(生)은 역시 인연으로 있다고 하라. 만약 생(生)이 무슨 인연으로 있느냐고 묻거든, 이와 같이 대답하되 유(有)가 인연이라고 하라. 만약 유(有)는 인연으로 있느냐고 묻는다면, 응당 이와 같이 대답하되, 유(有)도 역시 인연으로 있다고 하라. 만약 묻기를 유(有)는 무슨 인연으로 있느냐고 한다면, 응당 이와 같이 대답하되, 수(受)가 인연이라고 하라. 아난아, 만약 수(受)가 인연으로 있느냐고 묻는다면, 응당 이와 같이 대답하되, 수(受)도 역시 인연으로 있다고 하라. 만약 묻기를 수(受)가 무슨 인연으로 있냐고 묻거든, 응당 이와 같이 대답하되, 애(愛)를 인연으로 있다고 하라. 아난아, 이 애(愛)를 인연으로 수(受)가 있고, 수(受)를 인연으로 유(有)가 있고, 유(有)를 인연으로 생(生)이 있고, 생(生)을 인연으로 노사(老死)가 있고, 노사(老死)를 인연으로 시름과 근심과, 눈물과 통곡, 걱정과 고통, 한탄과 괴로움이 있나니 모두 노사(老死)를 인연으로 있는 것이니라. 이와 같이 만족하게 갖춰지면 순전히 크나큰 고통의 오음(五陰;색(色),수(受),상(想),행(行),식(識))이 생기느니라.(阿難 若有問者 老死有緣耶 當如是 答 老死有緣 若有問者 老死有何緣 當如是答 緣 於生也 阿難 若有問者 生有緣耶 當如是答 生亦 有緣 若有問者 生有何緣 當如是答 緣於有也 阿 難 若有問者 有有緣耶 當如是答 有亦有緣 若有 問者 有有何緣 當如是答 緣於受也 阿難 若有問 者 受有緣耶 當如是答 受亦有緣 若有問者 受有 何緣 當如是答 緣於愛也 阿難 是爲緣愛有受 緣 受有有 緣有有生 緣生有老死 緣老死有愁慼 啼 哭 憂苦 懊惱皆緣老死有 如此具足純生大苦陰)' 라고 설명하였다.

연기법(緣起法)으로 말한다면 생이 있기에 반드시 노사(老死)가 필연인 것이다. 또한 노사로 인해 갖가지 번뇌가 상전하는 것이다.

194

〈정견경(正見經)〉에 이르기를, '무엇이 늙음과 죽음이 일어남인가? 무엇이 늙음과 죽음의 멸(滅)로 이끄는 길인가? 각각의 중생 부류에 있어서 각각 중생들의 늙음, 노쇠, 치아가 빠지고, 머리가 하얗게 되고, 쭈그러진 피부, 수명이 줄어들고, 감관(感官)들의 노화, 벗들이여! 이것을 늙음이라 부른다. 각각의 중생부류에 있어서 각각 중생들의 죽음, 멸망, 파괴, 사멸, 목숨이 다함, 목숨이 다할 때, 온(蘊)들의 분리, 유해의 놓여짐, 벗들이여! 이것을 죽음이라 부른다. 벗들이여, 이것을 늙음과 죽음이라 부른다. 생(生)의 일어남으로부터 늙음과 죽음의 일어남이 있다. 생(生)의 멸(滅)로부터 늙음과 죽음의 멸(滅)이 있다. ...중략... 그러므로 벗들이여! 실로 성스러운 제자가 이와 같이 늙고 죽음을 알고, 이와 같이 늙고 죽음의 일어남을 알고, 이와 같이 늙고 죽음의 멸함을 알고, 이와 같이 늙고 죽음의 멸로 이끄는 길을 안다. 그는 완전히 탐욕의 잠재적 번뇌를 단멸하고, 분노의 잠재적 번뇌를 제거하고, ...중략... 정법에 도달한 자가 된다.' 라고 하였다.

苾蒭 我已爲汝等說所標緣起初差
別義

(필추 아이위여등설소표연기초차별의)

"비구들이여, 내가 이미 너희들을 위하여 지표(指標)가 되는 연기법의 차별된 뜻을 설하였노라."

해설 32

〈연기경(緣起經)〉은 연기법의 발전진행을 열두 가지로 나누고, 차별을 두어 설명했다고 하였다. 이것을 연기차별의(緣起差別義)라고 한다. 또한 〈연기경〉은 연기(緣起)의 차별된 뜻을 설명한 연기법의 지표(指標)가 된다고 하였다.

'지표(指標)'라는 말은 '어떤 사물의 목적이나 기준이 되는 표적이나 표지'라는 사전적 의미를 가지고 있다. 본 번역자의 번역이다. '여러 가지 다양한 것들이 섞여 있는 범주에서 가장 일반적이거나 평균적인 것'이라는 사전적 의미를 가진 '표준(標準)'이라는 말로 번역해도 좋을 듯하다. 어찌되었든 '표(標)'라는 말은 '우듬지'를 의미하며, '높은 가지'를 의미하며, '끝'이면서, '기둥'이나, '푯말'이며, '드러나도록 하는 표시' 등의 의미를 가지고 있다.

팔만대장경 가운데, 연기법(緣起法)에 대한 설명이 나와 있는 경전은 헤아릴 수 없을 만큼 많다. 연기법(緣起法)은 그만큼 중요한 부처님의 가르침이라는 말이 된다. 본 번역자의 생각으로는 연기법이야말로 부처님의 깨달음의 시작이자 마지막이라고 해도 결코 과언이 아니다.

　연기법(緣起法)이 아니라면 대승의 꽃인 공사상(空思想)의 성립과 이해도 불가능하다. 왜 일체 존재하는 현상이 공성(空性)인가? 하는 질문에 대한 답을 연기법(緣起法)만큼 자세하고 이해하기 쉽게 설명할 근거가 없기 때문이다.

　〈대지도론〉에 '능히 제법이 공한 줄 살피게 되면, 마음이 제법을 떠나게 되고, 세간이 헛되고 미친 환영과 같다는 것을 알게 된다.(能觀諸法空 心得離諸法 知世間虛誑如幻)'고 공성(空性)

에 대해 설명한 구절이 있다.

제법(諸法)이 공한 줄 살핀다는 것은 무엇이겠는가. 바로 일체의 법이 연기(緣起)이기 때문에 그렇다는 것을 알아야 한다. 일체가 연기(緣起), 즉 인연에 의해 일어났다가 인연에 의해 사라지는 존재가 아니라면 무엇으로 제법의 공(空)함을 설명할 수 있단 말인가. 생(生)하고 멸(滅)하는 이치를 설명한 연기법에 기초한 수행이나 깨달음의 관법(觀法)이 아니고서는 완전히 탐욕의 잠재적 번뇌를 단멸하고, 분노의 잠재적 번뇌를 제거하고, 정법에 도달할 방법이 과연 있기나 하겠는가. 그래서 부처님께서도 이 〈연기경〉의 내용을 '지표(指標)가 된다.' 고 하셨을 것이다.

용수보살은 〈중론(中論)〉을 지으면서 논의 첫머리에 다음과 같이 연기법을 찬탄하였다.

202

不生亦不滅(불생역불멸) 不常亦不斷(불상역부단)

不一亦不異(불일역불이) 不來亦不出(불래역불출)

能說是因緣(능설시인연) 善滅諸戲論(선멸제희론)

我稽首禮佛(아계수례불) 諸說中第一(제설중제일)

태어나는 것도 아니며, 역시 사라지는 것도 아니라네.

늘 항상(恒常)한 것도 아니며,

역시 끊어지는 것도 아니라네.

한결같은 것도 아니며, 역시 달라지는 것도 아니라네.

오는 것도 아니며, 역시 가는 것도 아니라네.

이것은 인연법으로로라야 능히 설명이 되나니

모든 희론(戲論)을 잘 없앤다네.

내가 머리를 조아려 부처님께 예경하나니

모든 설법 가운데 제일 첫째가 되기 때문이라네.

時薄伽梵說是經已 聲聞 菩薩 天
人等衆 聞佛所說皆大歡喜 得未
曾有 信受奉行

(시박가범설시경이 성문 보살 천인등중 문불소설개
대환희 득미증유 신수봉행)

때에 부처님께서 이 경을 설하기를 마치
시매, 성문(聲聞), 보살(菩薩), 천인(天人)
등의 대중들이 부처님이 설하신 바를 듣
고 모두 크게 기뻐하였으니, 일찍이 없었
던 것을 얻었으며, 믿고 받아들이며 받들
어 행하였다.

 부처님께서 〈연기경〉을 처음 설하시기 전, 경의 서두에 등장하는 인물들이 성문(聲聞)과 보살(菩薩), 천인(天人)들이었다.

 경의 이 앞부분을 다시 옮겨 놓으면 '부처님께서 실라벌(室羅筏)에 있는 서다림급고독원(誓多林給孤獨園)에 계실 때, 한량없고 헤아릴 수 없는 성문(聲聞)과 보살(菩薩), 천인(天人)들 등과 더불어 계셨다.(一時 薄伽梵在室羅筏 住誓多林給孤獨園 與無量無數聲聞 菩薩 天人等俱)'라고 하였다. 그리고 부처님께서 연기법을 다 설하시고 나자 다시 등장하는 인물들이 성문(聲聞)과 보살(菩薩), 천인(天人)들이다.

 이 〈연기경〉에서 부처님께서 연기법을 설하시는 객체, 즉 설법을 듣는 대상은 사실 비구 대중들이다. 이 경이 설해질 때의 앞부분을 다시 살펴보면 '이때 세존께서 비구 대중들에게 말씀하시기를(世尊告苾芻衆)' 이라고 시작한 것을 알수가 있다. 그런데 어째서 〈연기경〉이 설해지고 비구 대중이 아닌 성문과 보살과 천인 등의 대중들이 부처님의 설하신 바를 다 듣고 모두 크게 기뻐하였다고 한 것일까?

성문은 늘 부처님의 말씀을 듣는 수행자를 이르는 말이다. 보살은 산스크리트어 '보디사뜨와(bodhisattva)', 팔리어 '보디삿다(bodhisatta)'의 음역이다. '보리살타(菩提薩多)' 라고도 한다. 사전적으로는 각유정(覺有情)이란 뜻으로 '깨달은 중생' 을 의미한다. 깨달음의 성취를 바라는 이, 깨달음을 구해 수행하는 자, 미래의 부처님, 타인을 구제하여 깨닫게 하는 이, 중생을 이익 되게 하는 이, 출가든 재가든 발심하여 불도(佛道)를 행하는 자, 깨달음을 얻기 이전의 석가모니 부처님, 부처님의 전신, 석가 세존의 전생, 부처님의 자식 등의 의미까지 포함된다.

또한 천인(天人)이 부처님과 함께 있었는데, 천상의 사람을 뜻한다. 천중(天衆)이라고도 하며, 욕계(欲界)와 색계(色界)의 천계(天界)에 살고 있는 모든 하늘의 중생(有情)을 이른다. 부처님의 일을 기뻐하여, 하늘의 음악을 연주하고, 하늘에서 꽃비를 내리게 하고, 천향을 피워서 허공에 날아다니기 때문에 비천(飛天)이라고도 한다.

따라서 성문과 보살과 천인은 늘 부처님 곁에서 설법을 즐겨듣고 기뻐하는 대중들이다. 그 대중들을 구태여 구분한다면 실제적인 인물은 성문들 밖에 없다. 보살과 천인은 실제적 인물이라기보다는 불법에 나오는 가상인물이다. 보살도

특정한 사람이라기보다는 중생의 근기에 따라 자유자재로 변화된 모습을 보이며 중생구제를 하는 대단히 종교적이며 불법의 홍포와 불법의 수호를 책임지는 상징적 의미가 강한 인물들이다. 천인 또한 실재하는 인간의 모습이 아니라 천상을 상정해 놓고, 그 천상에 사는 중생의 모습을 상징적으로 그려놓은 인물들이기 때문이다.

그래서 부처님은 설법을 시작할 때, '비구 대중들에게 말씀하시기를' 이라고 하신 것이다. 즉 구체적으로 불법을 듣고 배우며 수행해야 할 주체들이기 때문이다. 이럴 때의 비구는 더 이상 비구만을 의미하지 않게 된다. 비구니거나, 사미, 사미니거나, 재가불자인 우바새, 우바이를 포함하는 사부대중 모두를 통 털어서 수행하는 이들을 대표하는 명칭이 비구 대중인 것이다.

그리하여 실질적 설법의 주체는 수행자들의 상징적 대상인 비구가 되는 것이고, 듣고 기뻐하며, 찬탄하는 이는 유형, 무형의 일체 존재가 되는 것이다. '일찍이 없었던 것을 얻었다.' 는 것은 부처님 이전에도 이후에도 이런 깨달음이 없었음을 찬탄하는 말이다. 또한 〈연기경〉에서 설하신 내용은 불교 사상의 핵심을 이루는 깨달음임을 찬탄하는 말일 것이다.

이제 이 설법을 들은 이들은 믿고, 받아들이고, 행하는 일만 남았다.

부처님의 깨달음을 듣기만 해서도 안 되며, 믿어야 한다는 말이다. 믿는다는 것은 불법의 가르침에 의지하면 일체의 고통과 번뇌를 벗어난다는 것을 믿어야 하는 것이며, 우리가 살면서 맞닥뜨리게 되는 일체의 현상이 인연에 의해 이루어진 세상이라는 것을 믿는 것이다. 또한 인연이 다하면 사라지는 현상일 뿐이라는 것이다. 집착할 것이 없고, 영원하지 않은 세상이라는 것이다. 그 속에서 나라고 여길 그 무슨 고정된 실체도 따로 존재하지 않음을 알며, 자신이라고 여기는 일체의 마음 또한 없다는 것을 알아 윤회에 빠지지 않아야 한다는 것이다.

불교는 엄밀히 말하면 인연을 믿는 종교다. 신을 믿는 종교가 아니라 인연을 믿고, 인연에 의해 일체 현상이 만들어지는 것을 믿으며, 그 수많은 인연 가운데 온갖 선한 인연을 지으면서도, 또한 자신의 아상(我相)에 빠지지 않는 것이다. 이러한 인연법, 곧 연기법을 믿을 때, 일체의 실상을 여여(如如)하게 있는 그대로 받아들이게 된다. 그런 현상을 인정하게 되고, 연기적 현상속에서 자신의 존재를 확인하게 된다. 연기적 자신의 확인, 이것이 받아들이는 것이다. 그리하여 행함이 있게 된다. 무엇을 하든지 연기적 현상임을 알게 되면, 거기에 결코 집착하지 않는다. 집착하지 않으므로 걸림이 없고 걸림이 없으므로 일체의 고통과 번뇌를 여의게 된다.

노사(老死)에 집착하지 않으므로 생(生)이 사라지고, 생(生)에 집착하지 않으므로 유(有)가 사라지고, 유(有)에 집착하지 않으므로 취(取)가 사라지고, 취(取)에 집착하지 않으므로 애(愛)가 사라지고, 애(愛)에 집착하지 않으므로 수(受)가 사라지고, 수(受)에 집착하지 않으므로 촉(觸)이 사라지고, 촉(觸)에 집착하지 않으므로 육처(六處)가 사라지고, 육처(六處)에 집착하지 않으므로 명색(名色)이 사라지고, 명색(名色)에 집착하

지 않으므로 식(識)이 사라지고, 식(識)에 집착
하지 않으므로 행(行)이 사라지고, 행(行)에 집
착하지 않으므로 무명(無明)이 사라진다. 따라
서 결국 부처님의 대지혜광명(大智慧光明)이 드
러난다. 연기법은 곧 피안(彼岸)으로 가는 길이
다.

연기경

초판 발행   2015년 5월 18일

번역, 해설   도정 스님
발행인   이상미
발행처   도서출판 도반
편집팀   김광호, 고은미
대표전화   031-465-1285
이메일   doban0327@naver.com
주소   경기도 안양시 만안구 안양로332번길 32
ISBN   978-89-97270-18-7